MOVE YOUR BODY

Contents

vol. 75

MOVE
YOUR BODY

건강한 몸을 위해 나는 매주 누군가의 도움을 받으며 운동을 해 왔다. 그마저도 체육 시설의 문이 닫히며 멈추었다. 근육을 만들어 보겠다고 덤벼들었다간 몸이 더 말썽이 날 것 같아 이대로 방치하고 보니 올해가 다 지났다. 몸이 굳어가니 이제야 나이가 들어서도 계속해서 할 수 있는 꾸준한 운동을 하고 싶다는 생각에 혼자 운동을 시작했다. 오롯이 나에게만 집중하는 고요한 시간. 자연스러운 몸의 움직임과 편안한 마음 상태를 가지는 이 시간이 절실히 나에게 필요했다. 가능한 범위까지 움직이고 그 범위를 조금씩 넓혀가며 몰랐던 나의 무한한 가능성도 알게 됐다. 운동은 온몸으로 나를 느끼며, 어느 방향으로 나아갈지 모를 때도 앞으로 나아가게 하는 가장 기본적인 움직임이었다. 아직 어디로 갈지 무얼 할지 모르는 사람이라면 천천히 이번 호를 읽으며 몸을 일으켜 보길. 작은 움직임이 모여 튼튼한 몸과 마음을 만들어 줄 테니.

편집장 **김이경**

The Meaning Of Existence

모든 존재의 이야기

지금 여기 존재한다는 건 나아가거나 멈출 수 있다
는 것이다. 움직이거나 정지할 수 있다는 것이다.

Photographer Gideon de Kock

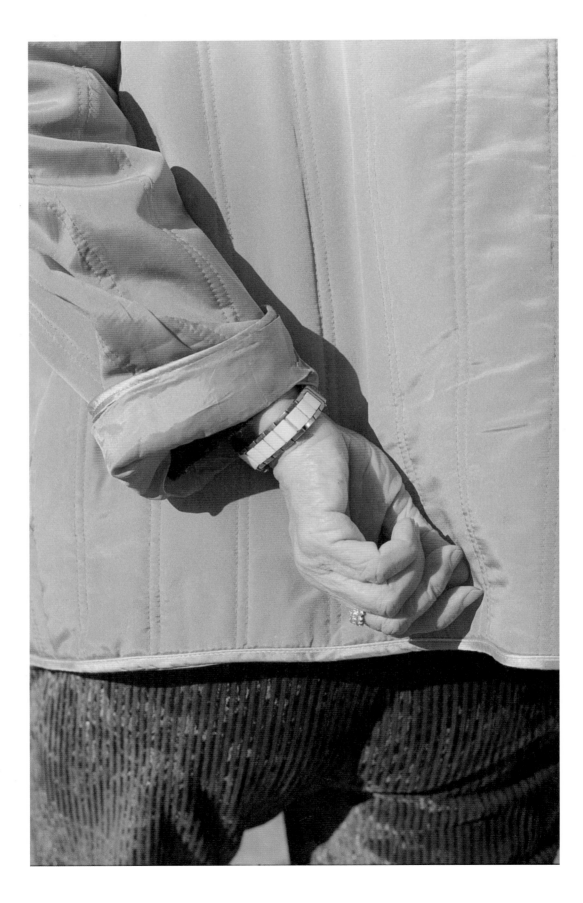

오롯한 현재의 감각

만나서 반가워요. 소개해 줄래요?

안녕하세요, 저는 홍콩 출신의 남아공 사진작가 기드온 드 콕 Gideon de Kock이에요. 지금은 런던에서 지내고 있죠. 어머니가 사진작가여서 영향을 많이 받고 자랐어요. 열두 살 땐 어머니께 촬영 방법을 배우기도 했는데, 당시엔 큰 관심이 없어서 세 롤 정도 찍고 그만둔 기억이 나요. 그때부터 15년이 지나서야 본격적으로 사진을 찍기 시작한 셈이네요. 사진작가로 활동한 지는 올해로 6년째가 되었어요.

주로 필름 사진을 찍고 있죠?

홍콩에 살 때 아끼는 친구에게 필름 카메라를 선물 받은 적이 있어요. 그 카메라를 사용하면서 필름이 엄한 선생님이자 좋은 선생님이라는 걸 알았어요. 필름 사진은 촬영할 때마다 비용이 들고 촬영에 실수가 있어도 시간이 지난 후에야 알 수 있는 느린 매체예요. 사진을 찍는다는 건 주변과 나의 속도를 늦추고, 내 직감을 믿고, 촬영하는 그 순간에 내가 존재하게 하는 일인 것 같아요. 그래서 좋아하죠.

"존재하게 하는 일"이라니, 의미가 굉장하군요.

맞아요. 필름 사진은 저에게 무척 강렬한 교훈을 주었거든요. 필름 내부를 들여다보면서 그 안에 놀라울 정도로 유연한 형식이 있다는 걸 알게 됐어요. 필름에도 종류가 다양하기 때문에 빛, 렌즈, 주변 조건에 따라 결과가 달라져요. 이걸 체험하고 지켜보는 건 항상 즐거워요. 현상된 사진을 볼 때마다 흥분하게 돼요.

주로 일상적인 장면을 촬영하는 듯해요.

사람들은 세상이 시끄럽고 흥미진진할 때, 가장 밝게 빛날 때를 기다리는 것 같아요. 그런 순간이 특별하다고 믿는 것 같고요. 많은 사람이 오늘보다 내일을 위해 살고, 여기보다 다른 곳을 꿈꾸고, 이편보다 반대편이 푸르다고 이야기하잖아요. 그래서 사람들은 지금 살고 있는 집의 벽 질감이 어떤지, 이웃의 자전거가 얼마나 귀여운지, 친구들 일이 얼마나 흥미로운지, 세상이 얼마나 천천히 움직이고 있는지 잊어버리는 것 같아요. 우리가 화려한 경험을 찾는 건 무의식중에 그렇게 훈련되어 온 게 아닐까 싶은데, 이런 현상엔 본질적인 문제가 있다고 생각해요. 그래서 저는 일상의 장면을 담고 거기서 아름다움을 찾아내려고 노력해요. 꿈이나 환상의 세계가 아니라 오롯한 현재의 삶, 지금 이 순간을 담으려고 하는 거죠.

지금 여기를 소중하게 여기는군요.

맞아요. 제 모든 경험, 그리고 그 순간을 찍는 행위는 모두 '존재'에 바탕을 두고 있어요. 지금 이곳에 존재한다는 감각을 통해 한 사람이 세상에 더 깊이 공감할 수 있길 바라요. 세상에 공감한 사람들이 주변 사람들에게 더 깊이 공감하고, 이 감각을 심어줄 수 있기를 바라고요.

존재를 중심에 두어서인지 사진들이 꼭 살아 있는 것 같아요. 숨을 쉰다는 느낌을 받았거든요.

사진이 영상에 비해 특별한 점이 있다면 더 많은 상상력을 불러오는 거라고 생각해요. 그걸 강요하는 매체이기도 하고요. 잘 찍은 사진은 실제 과거나 미래와는 상관없는 '어떤 이야기'를 상상하도록 해요. 여기 소년들이 뛰는 사진이 있다고 상상해 볼까요? 우리는 그걸 보고 '이 소년들은 무엇을 피해 도망치는가?'라고 생각하거나 '이 소년들은 어디로 달려가고 있는가?'라고 질문할 수도 있을 거예요. 이런 질문을 상상해내고, 또 여기 대답하는 일들은 스스로 결론에 도달하는 과정일 테죠. 반면 영상은 이런 질문에 대답을 준비해 놓고 보여주기 때문에 수동적인 경험을 할 수밖에 없게 해요.

뭔가에 가려진 인물이 많아서 더 많은 상상을 하게 되는 것 같아요. 상반신이 우산에 가려져 있거나, 두 손으로 얼굴을 가리고 있거나, 전봇대 뒤에 서 있거나… 하는 식으로요.

상상하게 된다니, 아주 좋은 감상이에요. 저는 이런 사진들을 은유라고 생각해요. 겉모습의 중요성과 사진을 분리해서 조금 다르게 생각할 기회를 주는 거예요. 보는 사람의 관점을 변화시키고, 특정한 기대에서 멀어질 수 있게 하고, 무엇을 인식하고 이해해야 하는지를 흐트러뜨리고, 진리에 다가갈 수 있도록 만드는 거죠.

예상외로 철학적인 답변이네요. 오히려 저는 유머러스하다고 생각했거든요.

아! 그것도 정확한 지적이에요. 제 사진에는 진리와 함께 유머도 담으려고 하거든요. 저는 어릴 때부터 다른 사람을 웃게 하고 즐겁게 만드는 걸 좋아했어요. 그래서 유머가 제 사진에 스며 있는 건 당연한 일이고, 저는 그게 좋아요(웃음).

더 많은 상상을 하게 되는 건 색감의 영향도 있는 것 같아요. 색은 다채롭지만 일관적인 톤이 있어서요.
색채 작업을 좋아해서 초기엔 다양한 카메라와 필름으로 여러 실험을 하곤 했어요. 저만의 세팅을 만들고 싶었던 거죠. 이 과정 덕분에 제 사진들은 일관성을 유지하게 됐어요. 이젠 저만의 설정값을 잘 알고 있어서 결과를 걱정하지 않아요. '어떻게 나올까'보다는 찍는 행위에 집중할 수 있게 된 거죠. 저는 제 선택에 확신과 자신이 있어요. 창조적으로 생각할 여지가 훨씬 많다는 거죠.

지금 런던에서 지낸다고 했죠. 홍콩과 런던은 많이 다르지 않아요?
홍콩은 감각적인 곳이어서 가끔은 압도적이라는 느낌을 받아요. 제가 사진에 관심을 갖게 된 이유 중 하나는 홍콩의 이런 분위기 때문이기도 하죠. 저에게 홍콩 이미지는 아주 명백해요. 언제든 간단히 떠올릴 수 있고 제 마음이 쉽게 가닿는 곳이죠. 반면, 지금 지내고 있는 런던은 홍콩과는 확실히 달라요. 사람들의 반응도 달라서 항상 주의해야 해요. 홍콩에선 제 사진 작업을 존중해 주었지만, 런던은 개인적인 생활에 민감하기 때문에 신중히 접근해야 하거든요. 저는 사진을 통해 모든 나라의 특징을 재발견하고 포인트를 달리해 가면서 촬영하는 데 관심이 많아요. 그래서 요즘 런던에서 사진 찍는 게 특히나 즐겁죠.

주로 실외에서 사진을 찍는 것 같아요.
자연광은 사진에 진실성을 더해준다고 생각해요. 그래서 조명을 따로 쓰거나 조작하는 일은 하지 않아요. 저는 촬영하고자 마음먹은 순간을 사진에 담는 건 불가능하다고 생각해요. 그 장면은 셔터를 누르는 순간 이미 지나간 뒤일 테니까요. 이럴 때 자연광은 제가 원한 그 순간의 분위기, 그러니까 이미 존재하지 않는 그 분위기와 느낌에 연속성을 줘요. 그래서 더 근사하게 느껴지는 것 같아요.

특히 사람은 움직이는 피사체이기 때문에 촬영을 마음먹은 '순간'에서 더 쉽게 멀어질 수밖에 없을 것 같아요.
맞아요. 하지만 제가 사진에서 보려고 하는 점은… 음, 인생을 이야기할 수밖에 없겠네요. 인생은 누구에게나 어려워요. 나이가 들수록 더욱 복잡해지죠. 사람들은 시간이 지날수록 혈기왕성한 시절을 그리워하고 중요하게 생각하는 것 같아요. 하지만 그 혈기를 그리워하는 것이 우리의 지금이 얼마나 멋진지를 잊게 하는 것 같아서 안타까워요. 젊은 사람이든 나

이 든 사람이든, 지금 이 순간에도 진정한 성장을 하고 있을 거예요. 여기서 말하는 진정한 성장은 현실에 묶여 있는 상태에서 무언가를 실현해내는 힘이라고 생각해요. 제가 사진을 통해 보려고 하는 건 바로 이런 점이죠.

이번 호 주제는 '운동'이에요. 운동에 대해 어떻게 생각해요?
저는 다양한 운동을 하면서 자랐어요. 수영, 하키, 크리켓, 사이클링, 스쿼시, 가라테까지요. 그렇지만 제가 경쟁적인 삶을 살았다는 건 아니에요. 저는 승부를 다투며 경쟁하는 스포츠보다는 제 신체를 살피고 나아가는 운동을 좋아하는 편이죠. 물론, 그게 안 될 때도 있지만요(웃음). 최근에는 일주일에 사나흘 정도는 운동하려고 최선을 다하고 있어요. 특히 사격을 즐기고, 오래 걷는 걸 좋아하죠. 지난 1년 동안 꾸준히 명상하면서 제 삶을 정직하게 변화시키는 데도 관심이 많아졌어요. 일상의 균형을 맞춰준다는 데서 명상은 제게 중요한 행위거든요. 혹시 새해 목표로 운동을 해보고 싶은데 방법을 잘 모르는 분이 있다면, 명상을 권해보고 싶어요.

어느덧 새해네요. 2021년에는 어떤 일들을 해나갈 예정이에요?
2020년은 모두에게 참 어려운 해였잖아요. 우리는 2020년을 견뎌온 사람들이니까 앞으로도 계속 존재하고, 공감하고, 친절하고, 사랑하고, 영감을 주고받으면서 서로를 더 좋은 쪽으로 이해할 수 있으면 좋겠어요. 저는 사진작가로서 계속 저 자신을 다듬며 나아갈 생각이에요. 전작 사진집인 《Some Near. Some Far》의 후속 사진집도 출간할 계획이고요. 제가 어디서 무엇을 하든 지금 이 순간이 행복할 수 있기를 바라면서 살아갈 거예요. 그러기 위해서는 삶에 진심을 다하는 게 중요하겠지요. 이 글을 읽는 모두가 행복을 잊지 않으면 좋겠어요. 2021년에도 행복하세요!

H. deondekock.com

그와 대화를 나누고 지금 내가 있는 여기를 좀더 살피기로 했다. "지금 살고 있는 집의 벽 질감이 어떤지, 이웃의 자전거가 얼마나 귀여운지, 친구들 일이 얼마나 흥미로운지, 세상이 얼마나 천천히 움직이고 있는지" 그가 말한 장면들을 마음에 담으며 여기에 존재한다는 걸 감사히 생각해야지. 그게 새해의 일이라면.

단순한 진심 수수·현우

The Simplest Mind

질박한 두 사람

물주머니를 데워 나란히 끌어안고 모락모락 김이 나는 차를 나눠 마시는 두 사람. 마치 한 사람인 듯 닮아 있는 수수와 현우는 다소 불편한 삶을 선택해 자연 가까이에서 옛 사람의 지혜를 배워간다. 일상의 균형 속에서 몸과 마음을 단련하고 작은 것의 소중함 을 나누는 둘. 이들의 삶에 필요한 건 빽빽한 알맹이가 아니었다. 느슨한 여백이었다.

에디터 **이주연** 포토그래퍼 **김연경**

단순한 진심으로
함께 살고 있습니다

실례하겠습니다.

수수: 추운 날 동해까지 오느라 고생 많으셨죠? 따뜻한 차랑 귤 좀 드세요.

구수하네요. 무슨 차인가요?

수수: 둥굴레랑 작두콩을 로스팅한 거예요. 제가 즐겨 마시는 차인데, 약간 할매 입맛이죠(웃음).

정겹고 좋은걸요. 만나서 반가워요.

수수: 안녕하세요. 저는 동해에서 살고 있는 류하윤이라고 해요. 같이 사는 현우와 함께 '단순한 진심'과 '안녕늘보씨'라는 두 브랜드를 운영하고 있어요. 요즘은 '수수'라는 예명을 사용하고 있는데, 오늘도 수수라고 불러 주세요(웃음).

현우: 반갑습니다, 저는 현우예요. 수수와 같이 살고 있어요.

수수라는 이름부터 이야기해 볼까요?

수수: 류하윤이란 본명은 부모님이 지어주신 건데, 이 이름엔 부모님이 원하는 삶의 방향이 들어 있다고 생각해요. 그런데 저는 스무 살 이후로는 스스로 자라왔다고 생각하거든요. 그래서 저의 삶의 방향이 담긴 이름을 갖고 싶었어요. 그러다 어느 날 〈질박한 항아리처럼〉이라는 작자 미상의 시를 읽게 되었는데요. 이 시에 "들꽃을 한 아름 꺾어 풍성히 꽂아두면 어울릴 만한 질박한 항아리 같았으면 좋겠습니다."라는 구절이 있더라고요. '질박하다'라는 말이 마음에 들어 뜻을 찾아보니 "꾸민 데가 없이 수수하다."였어요. 수수라는 게 물 수水 자와 음이 같기도 하고, 제가 원하는 삶의 방향과도 닮아서 마음에 들었죠. 저는 삶을 돌이켜 보면서 물이라는 요소가 제가 추구하는 삶과 가깝다는 생각을 종종 해왔거든요. 다른 사람에게 수수하게, 꾸밈없이 살면서 다가가고 싶다는 마음도 커서 "수수가 되고 싶다."고 현우에게 이야기하고 수수라는 예명을 쓰기 시작했어요.

물의 어떤 점에 끌린 거예요?

수수: 물은 연약하고 부드럽지만 강해요. 폭우가 되어 물난리를 만들기도 하고, 물 한 자락이 시간을 먹어 바위에 무늬를 만들기도 하죠. 유약한 존재 같지만 사실은 그 부드러움으로 모든 걸 이겨내는 속성을 가졌어요. 그게 참 좋았어요. 언제든 담기는 그릇에 맞게 변한다는 점도요. 근데 재밌게도 제 본명 '류하윤' 세 글자 모두에 삼수변 氵자가 들어가요. 이런 걸 보면 부모님이 주신 이름에서 영향을 받았나 싶기도 해요.

두 브랜드를 시작한 것도 물처럼 흘러온 일이겠군요. 브랜드도 소개해 줄래요?

현우: 안녕늘보씨는 북바인딩 브랜드예요. 입대 전 마지막 여행으로 수수랑 치앙마이에 간 적이 있는데 그때 우연한 기회로 북바인딩을 배우게 되었어요. 여행하는 두 달 동안 북바인딩만 할 정도로 흠뻑 빠져버렸죠. 태국 원서까지 사서 공부했고, 이해가 안 되는 부분은 숙소 주인에게 해석을 부탁할 정도로 열심이었어요. 북바인딩으로 노트를 너무 많이 만들어서 여행 끝물엔 장터에서 좌판을 깔고 팔기도 했죠(웃음). 그때 우연히 한국인을 만나 일일 워크숍도 해봤는데, 그 과정이 즐거워서 만들게 된 브랜드예요. 북바인딩 키트를 만들고 워크숍도 진행하면서 지금까지 쭉 해오고 있어요.

수수: 요즘은 사람들이 아날로그에 관심이 많아졌지만 저희가 처음 브랜드를 만들었을 때만 해도 북바인딩으로 먹고살기는 힘들었어요. 스케일이 작기도 했고요. 아르바이트를 겸하며 지내다가 저희 삶을 보여줄 수 있는 일을 하면 좋겠다 싶었고, 고민 끝에 숙박업을 해보자고 마음먹었어요. 그게 단순한 진심이고요.

왜 숙박업이었어요?

현우: 제가 공간이라는 것에 가치를 크게 두고 있었거든요. 공간은 어떤 곳이냐에 따라 사람에게 긴장을 주기도 하고 풀

어주기도 해요. 한 단어로 설명하기 어려운 다양한 모습을 가지고 있죠. 동해로 이사하고 처음 살던 곳은 단독주택이었어요. 연탄불을 피워서 겨울을 나고 선풍기와 냉풍기로 여름을 나는 곳이었지만, 동해를 여행하는 분들에게 '진짜 공간'을 내어드리고 싶었어요. 진정성 있는 숙박 공간을 만들고 싶어서 손님의 마음을 헤아리고 살피는 데 집중했죠.

지금은 쉬고 있다고 들었어요.
현우: 다시 할 수도 있고, 그렇지 않을 수도 있어요. 사실 본질적으로 하고 싶은 건 숙박업이 아니라 '좋은 걸 나누고 싶다.'는 거예요. 그런 일들을 단순한 진심이란 브랜드로 보여주고 있는 거고요. 지금은 같은 이름의 블로그와 유튜브로 실천 중이에요. 저희가 중요하게 생각하는 가치를 나누는 데 형태는 중요하지 않아요. 그건 공간일 수도, 온라인일 수도 있다고 생각해요.
수수: 공간으로 실천할 때는 유지비가 많이 들었어요. 30년 된 단독주택이라 단열이 떨어져서 하루에도 연탄을 몇 번씩 갈아야 하고, 저희도 추위를 견디기 힘들었거든요. 그러다 이사를 결심하면서 자연스럽게 숙박업은 쉬어가게 되었죠. 그즈음 생활에도 변화가 생겼어요. 간소한 생활을 실천해 보자는 마음이 생겨서 이사할 때 최소한의 것만 빼고는 물건들을 다 정리했어요. 지금은 미니멀 라이프를 추구하며 원룸에 작업 책상 하나만 두고 여백 있게 살아가고 있죠. 집에 뭐가 참 없죠(웃음)?

최소한으로 살아가는 건 쉽지 않은 일이잖아요. 이런 부분에서도 통하는 걸 보면 두 분은 많이 닮은 것 같아요.
현우: 저희요(웃음)? 처음 만났을 땐 정말 다른 사람이었어요. 지금도 물론 많은 게 다르고요. 첫 만남은 대학교에서였는데, 수수는 그 당시 영상을 공부하는 학생이었어요. 하고 싶은 일에 대한 고민과 걱정이 많던 때였죠. 반면에 저는… 생각이랄 게 별로 없었어요.
수수: 대신 현우는 경험이 많은 사람이었어요. 고등학교를 졸업하고는 바로 인도 여행을 떠나서 히말라야 트레킹까지 한 청년이었죠. 하고 싶은 일은 주저 없이 다 해봤고, 세상을 바꾸고 싶다는 마음이 강한 사람이었어요. 뭘 하더라도 전투적으로 한다는 게 저랑은 무척 달라서 관심이 생겼어요. 에너지가 높고, 편견이 없고, 열려 있는 상태가 신기했거든요.
현우: 그땐 지금보다 활동 반경도 크고 열정도 대단했어요. 지금은 많이 달라졌죠.

어떤 게 변했어요?
현우: 주체가 안 될 정도로 넘치던 에너지가 잠잠해졌다는 거? 예전엔 활력이 엄청나서 새벽까지 일하고 이것저것 하는 것도 많았는데, 지금은 밤 11시를 못 넘기고 잠들거든요.

아무래도 수수가 속도를 내는 데 거부감이 크고 일이나 생활이나 모든 게 느린 편이어서 자연스럽게 제 속도도 많이 느려진 것 같아요.

보통 몇 시쯤 잠들어요?
수수: 둘 다 10시면 잠들어요. 4시 30분쯤 일어나고요.
현우: 저는 7시요. 수수에 비해 인간적이죠?

새벽 4시 30분이요?
수수: 네(웃음). 보통 일어나서 책 읽고 일기 쓰면서 혼자만의 시간을 즐겨요. 아침 요가와 명상도 하고요. 저는 혼자만의 시간이 꼭 필요한 사람이어서 새벽을 저만의 시간으로 쓰고 있어요.
현우: 저는 그런 시간은 필요 없어요(웃음).

두 분이 이렇게나 다를 줄은 몰랐어요. 무척 닮아 보이거든요.
현우: 저희는 살아온 환경도, 성격도 많이 달라요. 오랜 시간 대화하고 생활하면서 어떤 부분이 비슷해졌을 뿐이죠. 저희에게 확실하게 같은 게 있다면 삶을 바라보는 가치관이에요. 그런데도 추구하는 방식이 다르다는 게 재밌죠.

동해의 면면
수수와 현우가 사랑한 동해의 장면들

1 나무 우리는 숲과 나무를 좋아해요. 꼭 끌어안고 싶어지는 나무를 만날 때면 조용히 다가가 눈을 감고 꼭 안아줍니다. 그럼 나무의 다정한 에너지가 몸 안으로 스며드는 게 느껴져요. **2 맨발 등산** 동해에 있는 두타산에 입산하면 신발과 양말을 벗고 맨발로 등산하곤 해요. 바위, 자갈, 낙엽의 촉감을 섬세하게 느끼며 자연과 발맞추어 느리게 걸어요. **3 명상** 아름다운 자연 속에 머무를 때 우리는 감탄사를 내뱉기보단 침묵하고 잠시 눈을 감고 지금 이 순간에 온전히 머무르며 최대한 느껴 보려고 해요. **4 산에서 만난 친구** 산과 숲과 참 잘 어울리는 친구들을 만나면 반가운 마음이 샘솟아요. 산에 있다 보면 다람쥐 친구들을 자주 만나요. 오물오물 무언가를 야무지게 씹고 있는 모습이 참 귀여워요.

5

6

7

8

5 약수터 물을 뜨러 산에 가요. 우리가 마실 물을 직접 필요한 만큼 정직하게 떠온다는 느낌이 참 좋아요. 산에 가면 늘 힘을 얻어요. 힘을 쓰는데 힘을 얻는다는 게 참 신기하죠. 우리가 마실 물을 아낌없이 내어주는 자연에게 고마운 마음을 속삭이고 온답니다. **6 숲** 계절에 따라 모습을 달리하는 숲길을 자주 걸어요. 장을 보러 갈 때도 지름길로 가지 않고 숲길을 따라 돌아돌아 걸어가요. 가끔 딴 길로 새서 햇빛을 받으며 광합성을 하기도 해요. 그래서 한 번 장 보러 가면 시간이 오래 걸려요. **7 야옹이** 주택에 살 때는 동네 고양이들이 자주 놀러 와서 마당에서 쉬어갔어요. 어른 고양이가 어린 고양이를 돌보아주고 서로 다투고 다시 화해하고 함께 몸을 포개어 편안하게 낮잠을 자는 모습은 참으로 아름다웠어요. 주택에 살 때 고양이들과 함께한 일상이 동해에서의 가장 큰 추억이에요. **8 풍경** 땅을 보고 걷는 습관이 있어요. 혹시나 땅 위에 사는 작은 생명을 무심코 밟아버리진 않을까 염려되어서요. 걷다가 이렇게 예쁜 무늬를 지닌 애벌레과 친구를 만났어요. 한참을 쪼그려 앉아 바라보았던 기억이 납니다.

요가의 본질은
명상에 있다

두 분은 특히 '나눔'에 관심이 많은 것 같아요.

현우: 언젠가 책에서 '돈을 충분히 벌면 뭘 하고 싶은가?'라는 질문을 보았어요. 그 답을 생각해 보다가 결국 뭔가를 나누는 행위가 궁극적으로 가장 의미 있는 행위가 아닐까 싶었어요. 돈을 많이 버는 것도 의미는 있지만 한계점을 넘으면 효용감이 크지 않잖아요. 그보다 우리 안에 있는 걸 나누고 세상에 도움 되는 작업을 하면 좋겠다는 생각이 들더라고요. 그 생각이 점차 구체적으로 발전하면서 단순한 진심이란 이름으로 유튜브를 시작하게 됐어요.

수수: 저는 소극적인 데다가 다른 사람에게 피해를 주면 안 된다는 생각이 강해요. 그래서 직접 나서는 건 보통 현우인데, 하다 보면 결국 가장 충만해져 있는 건 저더라고요. 유튜브도 처음엔 '난 별로 관심 없어.' 그랬거든요. 제 얼굴이 나오는 것도 싫었고요. 그런데 지금은 직접 내레이션도 하고, 콘텐츠도 기획하고, 얼굴이 나오는 건 다반사고(웃음). 유튜브를 통해 저희 삶을 기록하고 나누면서 좋은 영향을 많이 받고 있어요.

구독자가 1만 명을 넘었어요. 근데 유튜브로는 수익을 내지 않겠다 마음먹었다고요.

현우: 사실 구독자가 늘어가는 걸 보면서 욕심이 좀 생기긴 했는데….

수수: 견물생심이라고 많은 사람이 현우 같을 거예요(웃음). 근데 저는 돈에 별로 관심이 없어서 일단은 1년 동안 수익 창출 없이 콘텐츠를 내보내기로 결심했어요. 1년 후에는 어떤 선택을 할지 아직은 잘 모르지만요. 유튜브는 단순히 저희 생활을 보여주기 위해서만 하는 건 아니에요. 저희가 올바른 방식으로 살아가고 있다고 이야기하려는 것도 아니고요. 사람들이 저희 삶을 보면서 이런 생활이 있다는 걸 알고, 자기다운 삶이 무엇인지 찾으면서 행복해지길 바라는 마음이 커요. 그런데 여기에 수익이나 조회수 같은 숫자가 끼어들면 복잡해질 것 같아요. 유튜브라는 자극적인 세계에서 순수한

영역을 고수하는 데도 욕심이 생겼고요. 현우에게 의견을 구했는데 고맙게도 오케이 해주어서 실험해 보기로 한 거죠.

현재에 가치를 두고 있기 때문에 할 수 있는 일 같아요.

수수: 사실 현재뿐만 아니라 과거와 미래에 대한 생각도 많아요. 저는 생각하는 범주가 큰 사람이라 마음을 현재에 두지 않으면 생각이 너무 쉽게 과거나 미래로 가버리거든요. 옛날엔 제 마음이 어느 시제에 있는지조차 잘 몰랐어요. 마음을 과거나 미래에 두고 불안해하면서도 그 이유를 잘 몰랐죠. 그렇지만 지금은 꾸준한 수련을 통해 제 생각이 어디 있는지 알 수 있게 됐어요. 생활이 흔들릴 때면 지금 내 마음이 어디에 있는지 살펴보고 현재로 돌아오게 해요.

혹시 그 수련의 바탕에 요가나 명상이 있나요?

수수: 영향을 엄청나게 받았죠. 요가와 명상 덕분에 생활이 다 바뀌었거든요. 요가는 몸과 마음을 모두 단련하는 운동인데, 어떤 쪽에 중점을 두느냐는 참여자와 선생님의 태도에 따라 달라지는 것 같아요. 요새는 미용 목적의 요가원이 많아졌는데 저희가 만난 선생님은 '요가의 본질과 목적은 명상에 있다.'고 이야기하는 분이셨어요. 처음부터 몸 선을 가꾸는 미용 요가 이미지를 깨부수고 기초부터 다질 수 있게 도와주셨죠. 그러다 보니 요가를 통해 삶의 가치와 규범을 공부하는 방향으로 변하게 되었어요. 지금 저희는 요가를 '몸으로 하는 명상'이라고 생각해요. 그래서 동작을 잘해야겠다는 욕심보다도 동작 하나를 하더라도 집중하는 걸 중요하게 여기죠. 예전엔 요가를 하고 나면 힘들다는 생각이 제일 컸는데, 오롯하게 집중을 하고부터는 개운하다는 생각을 더 많이 해요. 가끔은 잘 쉬었다는 느낌도 들고요.

요가를 해야겠다고 마음먹은 계기가 있나요?

수수: 예전에 혼자 포항에 살면서 심한 지진을 경험한 적이 있어요. 하필 집이 진원지와 가까운 곳이어서 트라우마가 생

겼죠. 정신적인 요양이 필요할 정도여서 잠도 못 자고 쭉 상태가 좋지 않았어요. 그때 우연히 유튜브에서 요가를 접하고 따라 하게 되었는데 그 시간만큼은 두려움이 싹 사라지더라고요. 살고 싶어서 아침저녁으로 요가를 하기 시작했어요. 요가가 저에게 잘 맞는다는 걸 알고부터는 제대로 배워 보고 싶다는 생각이 들어서 현우랑 요가원에 등록했어요.

현우: 수수랑 요가를 배운 지 벌써 1년 반이 되었네요. 선생님이 요가는 명상으로 가는 길이라고 알려주셨는데 사실 저는 명상이든 요가든 할 때마다 여전히 생각이 많아요. 일이나 삶에 대한 고민, 잡생각이 불쑥불쑥 떠오르거든요. 아, 그래도 머리가 비워지는 때가 있긴 있어요. 집중하지 않으면 절대 할 수 없는 힘든 동작들이 있거든요(웃음). 아직 저는 수수에 비해 명상을 규칙적으로 하는 방법도 잘 모르고, 그럴 만큼 마음이 힘들어지거나 정신이 흐트러진 적이 없어요. 지금 저에게 요가는 몸을 규칙적으로 풀어준다는 의미가 더 커요.

저는 명상 하면 도인의 이미지가 떠오르던데, 늘 경건하게 임하긴 어려울 것 같아요.

현우: 도인(웃음). 우리나라에서 유난히 명상이 어렵게 소비되는 것 같아요. 명상 하면 보통 좌선하는 명상을 생각하잖아요. 저는 좌선 명상은 잘 하지 않아요. 오히려 집안일 할 때 하게 되는 것 같아요. 저는 명상을 '잡념이 없어지는 상태'라고 생각해요. 그래서 바닥을 쓸거나 그릇을 깨끗하게 닦는

것도 그 하나에만 집중한다면 명상이 될 수 있다고 봐요.

수수: 제가 생각하는 명상은 '혼자 고요하게 주파수를 흐트러뜨리지 않고 존재할 수 있는가'의 여부예요. 저는 걷거나 바다를 보면서 가장 많이 하고 있지만, 사실 뜨개질이나 바느질 같은 것도 준명상 상태이기 때문에 명상은 하루에도 여러 번 하는 것 같아요. 일정 시간 동안 집중한 상태로 흔들리지 않는다면 그게 명상일 거예요. 만일 머릿속에 있는 모든 생각을 다 없애는 게 명상이라면 저는 절대 못 해요. 아마 할 수 있는 사람은 극히 적지 않을까요? 사람들이 명상을 너무 어렵게 생각하지 않으면 좋겠어요.

한 가지에 집중하기 위해선 균형을 찾는 게 중요할 것 같아요. 두 분은 균형을 잘 잡는 편인가요?

수수: 저는 애당초 너무 쉽게 흐트러지는 사람이에요. 일단 루틴에서 벗어나면 그래요. 평소에 두세 시간 하던 일을 네다섯 시간씩 한다든가… 하면 정신적으로나 육체적으로나 바로 반응이 와요. 원치 않는 사람과 대화할 때도 에너지가 빠르게 방전되는 편이라 그런 날이면 한 이틀은 드러누워요. 어떤 환경에든 잘 적응하는 건 살아가는 데 참 유용한 능력이지만 저는 그렇지 못해요. 1급수 물고기가 약간만 오염된 물에 가도 바로 죽어버리는 것처럼 조금만 복잡하고 시끄러운 곳에 가면 바로 극심한 스트레스를 받는 사람이죠. 그래서 균형을 찾기 위해 남들보다 많이 노력해야 해요.

마음에도
근육이 필요하니까

두 분에겐 '상칼파'라는 게 있다고요. 낯선 단어라 설명을 들어 보고 싶어요.

수수: 상칼파는 저희도 요가를 시작하면서 알게 된 단어인데요. 음… 간단하게 말하면 이루고자 하는 목표를 뜻해요. 일종의 소원이죠.

요가로 이루고자 하는 목표인가요?

수수: 아니요. 삶에서 이루고자 하는 목표예요. 5킬로 감량도 상칼파가 될 수 있고, 시골에 작은 집을 짓겠다는 것도 상칼파가 될 수 있죠. 인생에서 이루고 싶은 꿈을 상칼파라고 보면 되는데요. 그걸 마음에 품고 매일 아침 기도하듯 마음으로 읊고, 언제나 머릿속에 가지고 다니면 삶이 그 방향으로 흘러간다고 요가 선생님이 말씀하시더라고요.

현우: 사실 처음엔 상칼파를 중요하게 생각하지 않았는데 선생님이 정했냐고 계속 물어보시는 거예요. 미루다가 하나씩 정하게 됐는데, 1년 반 정도 지나니 왜 상칼파를 만들라고 하셨는지 알겠더라고요. 막연한 꿈이 상칼파가 되면서 점차 형체를 갖춰 현실화되기 시작했거든요.

두 분의 상칼파를 들어봐야겠는걸요.

현우: 제 상칼파는 '가까운 시일 내 작은 집을 짓는 거'예요. 처음엔 그저 추상적인 꿈이었는데, 어느덧 함께할 사람들을 찾는 단계가 되었어요. 제가 짓고 싶은 집은 아궁이에 장작을 땔 때는 온돌 집인데요. 기술이 필요한 일이어서 함께하며 배울 수 있는 사람을 찾고 있어요. 상칼파로 정하고 나니 더 알아보고 찾아보게 되더라고요. 신기하죠?

수수: 제 상칼파는 조금 거창하지만 '사람들의 치유를 돕는 안내자'예요.

치유요? 치유가 정확히 무엇인가요?

수수: 제 경험에 빗대자면 트라우마가 매듭지어지는 일 같아요. 꿈까지 나타나서 저를 괴롭히던 감정들을 온전히 이해하게 되는 상태?

좀더 들어보고 싶어요.

수수: 음…. 치유되기 전에는 바위를 굴리는 제가 바위에 짓눌려 자꾸 무너지는 상태였는데요. 치유된 지금은 바위를 잘 굴릴 수 있는 상태가 되었어요. 바위를 완전히 없애는 게 아니라 어떻게 굴리면 되는지 알게 된 거죠. 저를 괴롭히는 상황이나 두려움 같은 감정을 조절할 수 있는 상태가 치유라고 생각해요. 사실 예전엔 치유가 저를 괴롭히는 감정에서 완전히 벗어나는 거라고 생각했거든요. 근데 괴로움이나 두려움 같은 감정은 모습을 바꾸어서 언제든 닥칠 수 있다는 걸 알게 됐어요. 그 모습은 가족의 죽음이나 연인의 사고일 수도 있고, 지진 같은 자연재해일 수도 있겠죠. 하다못해 금전 사기일 수도 있을 거예요. 그때 내가 괴롭다는 걸 알아차리고 조절하는 상태, 그런 능력을 갖춘 상태를 저는 치유된 상태라고 봐요.

치유를 돕는 안내자가 되기 위해 어떤 노력을 하고 있나요?

수수: 치유를 돕는 건 많이 다쳐본 사람이 잘할 수 있는 일 같아요. 공감할 수 있으니까요. 예를 들어, 유튜브에 가시 돋친 댓글이 달리면 저는 화를 내는 대신 과거의 저를 떠올려요. 예전엔 저도 날카로운 말을 많이 하는 사람이었거든요. 상대방이 미워서일 때도 있었지만 그보다도 저 자신을 미워해서 더 그렇게 굴었던 것 같아요. 그 시절을 겪었기 때문에 악플을 다는 사람을 보면서 '자기 자신을 미워하는 사람일지도 모른다.'는 생각을 하고 좀더 깊이 들여다보게 돼요. 근데 현우는 상처받은 경험이 많지 않아서 악플을 보면 속상하고 서운해하더라고요.

현우: 저는 솔직히 악플을 보면 되받아치고 싶어요. 하지만 그게 답이 아니라는 걸 알기 때문에 연습을 해요. 악플로 제가 작아지는 느낌을 받는다면, 그냥 작아지게 내버려 두는 거죠.

감정을 어떻게 하지 않고 그냥 두는 건가요?

현우: 그렇죠. 일종의 마음챙김인데, 저에게 마음챙김이란 좋은 방향이 뭔지 이해하고 아무리 발끈하고 화가 나도 좋은 방향으로 가기 위해 한 번 더 생각하는 시간을 갖는 거예요. 물론 매번 좋은 방향만 좇을 순 없지만 그 간극을 줄이기 위해 노력하는 거죠.

수수: 음, 현우가 하는 말은 좀더 멀리 나아간 말 같아요. 그건 너무 어려운 일이잖아요. 현우가 말한 거에 앞서 마음을 무심의 상태로 만드는 게 필요한 것 같아요. 누군가에게 분노가 확 치솟을 때 "나 화나네?" 하고 감정과 나를 동일시하는 게 아니라 좀더 객관적으로 돌아보는 거죠. '아, 저 사람이 이렇게 말해서 내가 화가 났구나.' 하면서 화가 난 내 상황과 감정을 인정하는 거예요. 이걸 연습하다 보면 현우가 말한 것처럼 더 좋은 방향을 생각할 수 있게 돼요.

꾸준한 연습이 필요한 일 같아요. 1부터 10까지 점수판이 있다면, 지금 어디쯤 있는 것 같아요?

현우: 0.2…?

수수: 무슨, 너 마음챙김 되게 잘하잖아! 저는 그래도 5 이상은 되는 것 같아요. 열 번의 상황을 겪었을 때 무너지는 건 네 번 정도인 것 같아서요. 많이 노력했기 때문에 이 정도 올 수 있었죠.

지속 가능한
우리의 쓸모

산에서 직접 약수를 길어다 먹는다는 이야기를 들었어요.

현우: 어릴 땐 등산할 때마다 어차피 내려올 걸 왜 굳이 올라가나 싶었거든요. 근데 지금은 올라가는 그 자체로 의미가 있다는 걸 알아요. 저희는 산을 오를 때 대화도 잘 안 해요. 모든 생각, 심지어 힘들다는 생각도 내려놓고 걷는 데 집중하거나 들리는 소리에 집중하거든요. 사실 집에만 있어도 전자기기에서 들려오는 잡음이 참 많잖아요. 그런 데서 벗어나서 모든 걸 내려놓으면 참 편안하더라고요. 우리 조상들은 산을 오른다는 '등산登山'이란 단어보다 산으로 들어간다는 '입산入山'이란 말을 썼대요. 산을 정복해야 하는 대상으로 여기지 않고 허전할 때 기대고 싶은 대상이나 내 몸처럼 더불어 살아가야 할 대상으로 여겼기 때문이라는데, 저희도 그런 의미에서 입산해서 몸을 정화하는 데 의의를 두고 있어요.

수수: 약수를 떠 오는 건 물을 어떻게 먹어야 하나 고민하면서 시작된 일이었어요. 동해로 이사 오면서 살림을 꾸릴 때 정수기를 두고 싶진 않았거든요. 그래서 생수를 사 먹어 봤는데 플라스틱이 너무 많이 나오더라고요. 어떻게 하면 좋을지 고민하다가 어릴 때 생각이 났어요. 할아버지가 매번 저희 다섯 식구 식수를 약수로 챙겨 주셨거든요. 알아보니 가까운 산에 약수터가 있어서 '우리도 해보자!'가 된 거죠. 시험 삼아 약수터에 갔는데 기분이 정말 좋았어요. 계절마다 산의 느낌이 다른 것도 신비로웠고, 약수도 생수에 비해 훨씬 맛있었고요. 게다가 한 번 약수를 길어 오면 몸이 피로해져서 잠도 솔솔 잘 와요. 제로 웨이스트도 할 수 있고, 체력도 단련되니 이보다 좋은 방법이 없단 생각이 들었어요. 저희는 보통 2주일에 한 번씩 6리터짜리 물통을 하나씩 지고 입산해요.

말이 6리터지 물로 가득 차면 엄청 무거울 것 같은데요?

수수: 정말 무거워요. 들고 내려오긴 힘들어서 둘 다 배낭에 약수통을 넣어서 내려오는데 그래도 밀도가 높아서 어깨가 짓눌려요. 배낭을 내려놓자마자 '아휴' 그러면서 아파하죠(웃음). 물을 떠 오는 날이면 집에 오자마자 30분 정도 아무것도 안

ⓒ 정선재

하고 쉬고 점심을 먹어요. 그래도 아직은 체력이 괜찮은지 점심 먹고 나면 바로 회복이 되더라고요.

현우: 사실 직장에 다니거나 바삐 일하는 사람들은 이렇게 하기 힘들 거예요. 저희는 삶의 가치를 '시간적 여유를 최대한 많이 만들자'는 데 두고 있기 때문에 가능한 거고요. 먹을 물을 떠 오기 위해 입산하면서 이걸로 충분히 운동이 된다는 걸 깨달았어요. 그래서 굳이 헬스장에 가지 않아도 운동할 수 있다는 걸 새삼 느꼈고요. 편의에 기대지 않고 스스로 몸을 쓰며 살아가면 번외 운동은 필요하지 않은 것 같아요. 약수터에 가는 것도 저희에겐 운동인 거죠.

저는 '운동할 시간이 없다.'는 말을 자주 하곤 하는데, 생활과 운동을 밀접하게 생각하면 이 역시 핑계겠네요(웃음).

수수: 옛날 사람들은 따로 헬스장 같은 데 다니지 않고도 단단하고 날씬한 몸을 가지고 살아왔잖아요. 옛날엔 모든 걸 몸으로 해야 하다 보니까 생활하는 것만으로 체력이 단련되었기 때문일 거예요. 저희는 옛날 사람들 방식을 따르고 싶어요. 안 그래도 최근에 놀라운 얘기를 들었는데요. 요즘엔 헬스장에 계단을 오르는 운동 기구가 있다는 거예요. 사실 그건 실제 계단을 오르거나 입산하면 되는 일 아닌가 싶은데…. 입산하면 맑은 공기도 마실 수 있고, 좋은 소리도 마음껏 들을 수 있어요. 근데 왜 실내에서 굳이 비싼 돈 주고 계단 오르는 기계나 러닝머신을 밟아야 하는지 의문이 드는 거예요. 그런 방식은 좀 답답하다는 생각이 들어서 저희는 옛사람들의 지혜로 돌아가서 자연을 충분히 누리고 체력도 단련하기로 했어요. 자연을 활용해서 운동하자는 게 아니라, 자연과 조화를 이루면서 건강해지는 생활을 하는 거죠.

신체 능력이 퇴화했을 때 생활로서의 운동도 어려워진다고 생각하면 어때요? 겁이 나진 않나요?

현우: 누구나 시간이 지나면 몸이 노화하게 돼요. 그런데 쓸수록 단련이 되는 것도 사실이잖아요. 저는 오히려 저희가 살아가는 방식이 좀더 지속 가능한 방향이 아닐까 싶어요. 물론 저희 몸도 세월의 흐름에 따라 노화할 거고 혹시 모를 사고나 질병으로 문제가 생길지도 몰라요. 만일을 위해 보험을 들 수도 있겠지만 그건 근본적인 해결책은 아니라고 생각해요. 무리하지 않는 선에서 신체를 잘 써주는 게, 꾸준히 단련하는 게 미래를 대비하는 가장 중요한 일 같아요.

수수: 요즘 사람들은 너무 많은 외부 시설에 의존하는 것 같아요. 코로나19 이후 운동시설에 가지 못해서 살이 쪘다는 사람들이 많던데요. 헬스장을 못 가고, 내 몸을 관리해 주는 코치가 없을 때 스스로 몸을 관리하지 못한다면 그건 본질적인 해결책이 아닐 거예요. 저는 신체를 잘 단련하기 위해서라도 건강한 삶의 방식을 실천하고 싶어요. 하루에 1만 보씩 걷는 걸 목표로 삼는 사람들도 많던데, 사실 장을 보고 등산을 하고, 편의에서 조금만 벗어나도 하루 1만 보는 금세 채워지거든요. 일상생활을 자연과 가까이 하면 신체를 단련하기 위해 애쓰지 않아도 될 거예요.

동해로 이사한 것도, 약수터에 다니는 것도 다소 불편한 삶을 택한 거잖아요. 삶의 만족도는 어때요?

현우: 당연히 좋아요. 저희 삶이 지속 가능한 삶이라는 확신이 들 때 특히 그래요. 요즘 환경 이슈에 관심이 점차 많아지는 추세잖아요. 근데 반대로 사람들의 삶은 환경에 해로운 쪽을 향해 가는 것 같아요. 종종 모순적이라는 생각이 들죠. 저희는 이왕이면 자연에 무해한 쪽으로 살고 싶어요. 자연을 지키기 위해 이런 삶을 선택한 건 아니지만, 저희 삶이 환경에 보탬이 된다고 생각하면 사는 게 훨씬 행복해지거든요. 남들 눈에는 이런 삶이 좀 불편해 보일 수도 있을 거예요. 집에 작업 책상 하나밖에 없고, 겨울에도 난방 대신 물주머니를 데워 쓰고, 슈퍼에서 쉽게 사는 생수를 굳이 산에서 떠 오고(웃음). 근데 저는 오래 지속 가능한 방식으로 잘 살아가고 있다는 생각이 들어요. 물론 피곤하고 힘들 때도 있지만 다른 삶에도 피곤하고 힘든 일은 있을 테니까요.

수수: 현우가 눈에 보이는 생활 방식에 대해 이야기했다면, 저는 마음의 측면에서 이야기해 보고 싶어요. 그간 우리는 크고 작은 마음앓이를 했고 또 극복해 왔어요. 어떤 이유로 마음앓이를 했든 극복하는 과정에서 겪는 감정은 비슷할 것 같은데요. 저희 이야기가 그런 분들께 도움이 될 때 특히 삶이 만족스러워요. 고통을 극복하는 과정이 저에게만 의미 있는 게 아니라 누군가에게 도움이 된다는 거, 고통을 회피하지 않고 마주하도록 도울 수 있다는 거, 저는 그럴 때 행복을 느껴요.

상칼파 '치유를 돕는 안내자'랑 통하는 얘기네요.

수수: 어? (곰곰이 생각한다.) 네, 정말이네요.

저는 운동이 신체 활동이라고 생각해왔는데 대화를 나누다 보니 몸과 마음 모두에 영향을 미치는 일 같아요. 두 분은 운동이 뭐라고 생각해요?

수수: 건강해지려고 하는 거요. 여기서 말하는 건강은 몸, 마음, 그리고 영혼이 별 탈 없이 잘 굴러가는 상태를 말해요. 웰빙 Well-Being, 그저 잘 '존재'하는 거죠. 신체 기관이 제대로 작동하지 않으면 몸에 신호를 줘서 아프다고 느끼게 돼요. 저희는 신체 기관이 영혼과 마음에 영향을 미치지 않도록 무리하지 않으려고 노력해요. 근데 몸이 아프지 않다고 해서 무조건 건강하다고 볼 순 없을 거예요. 몸뿐 아니라 마음과 정신, 영혼까지도 다 건강해야 진짜 건강한 걸 테니까요. 그 모든 요소들이 건강하기 위해 요가도, 입산도 하는 거죠. 그렇다면 결국 운동은 몸, 마음, 영혼의 '총체적인 건강'을 위한 행위 아닐까요?

잘 존재하기 위해 하는 게 운동이란 거군요. 삶의 균형을 맞추기 위해 또 하는 게 있다면요?

수수: 운동의 일종이라고 생각하긴 하는데, 명상일지를 써요. 명상하면서 떠오르는 걸 노트에 그때그때 적는 거예요. 원망이나 미움이 사랑과 용서로 바뀌는 감정의 변화를 적기도 하고, 아무 느낌 없이 졸음이 쏟아졌다고 쓰기도 해요. 그냥 '오늘도 해냈다!'라는 간단한 소회만 적기도 하고요. 매일매일 그때 떠오르는 생각과 생활 다짐 같은 걸 적고 있는데 확실히 도움이 돼요. 오늘 아침 다짐한 것들을 하루 종일 곱씹고 생각하게 되니까 아무래도 마음가짐이 달라지더라고요. 상칼파가 인생의 방향을 잡아주는 거라면, 명상일지는 하루의 방향을 잡아주는 일 같아요.

현우: 저는 '쓸모 있는 사람이 되어야 한다.'고 생각하는 거요. 과거에는 나이 드신 분들을 지혜의 상징이라고 여겼어요. 사람은 사실 어느 정도 노동 기간이 지나면 쓸모없는 사람 취급을 받잖아요. 저는 나중에 경제 활동을 하지 못하는 상황이 와도 가치 있는 사람이 되고 싶어요. 시대에 걸맞은 지혜로운 사람이 되려면 현재의 균형에 집중하는 게 중요할 거예요.

어느덧 새해인데 2021년엔 어떤 내가 기다리고 있을까요?

수수: 옛날의 저와 지금의 저는 정말 다른 사람이에요. 하지만 현재와 미래는 크게 다르지 않을 것 같아요. 지금이랑 비슷한 길을 계속해서 걸어 나갈 테지만 저희가 거듭 향상되고 깊어지면 좋겠어요. 얼마 전에 출간 제안을 받아 최근엔 책 작업도 하고 있는데, 어떻게 하면 우리 이야기가 사람들에게 도움을 줄 수 있을지 고민하고 있어요. 책은 유튜브나 블로그랑은 달리 물성이 있는 매체니까 더 깊은 이야기를 담을 수 있을 것 같아요. 2021년에도 계속해서 좋은 콘텐츠를 쌓아가면서 저희만의 균형을 잘 잡아 보려고요. 한 가지 바람이 있다면, 코로나19가 잠잠해져서 자연을 마음껏 걸으며 여행하는 거!

현우: 저는… 음… 음… 좀 걸으면서 생각해 볼까요(웃음)?

H. blog.naver.com/minimal_sincerity

수수, 현우를 뒤따라 야트막한 산, 공원, 기찻길, 바닷길까지 산책하고 나니 점심시간이 훌쩍 지나 있었다. 동해에서 가보면 좋을 식당 몇 군데를 골라 준 그들은 혹시 브레이크타임일지도 모르겠다며 하나하나 전화를 걸어 확인하는 친절을 잊지 않는다. 몇 번의 통화 끝에 브레이크타임이 없는 가게를 겨우 하나 찾아냈다. 판매하는 메뉴는 '손칼국수'와 '감자옹심이' 단둘. 뜨끈한 감자옹심이를 먹은 이날, 바닷바람에 얼어 있던 몸이 순식간에 노곤해지는 따뜻한 마법을 경험했다. 내년 겨울에도, 내후년 겨울에도 찬 바람이 불면 동해가 생각날 것이 분명하다. 그 생각의 끝은 언제나 단순한 진심이겠지.

Run, Drink, Read!

달리기라는 서사를 씁니다

장인성이 살아가는 세상의 절반은 달리기가 구성한다. 달릴 때 그를 지나치는 숱한
풍경, 달리면서 피어나는 산뜻한 활력이 예전엔 몰랐던 세계의 문을 열었다. 그 문
앞에서, 장인성은 달리기를 말할 때 하고 싶은 이야기를 하나둘 꺼내 놓기 시작했다.

에디터 **이주연** 포토그래퍼 **Hae Ran**

운동
못하는 아이

오늘 날씨가 참 좋네요.

너무 춥지 않아 다행이에요. 만나서 반가워요, 장인성입니다. 저는 러너이자 배달의민족에서 일하는 마케터이고, 최근엔 유튜버로도 활동하고 있어요. 직접 자기소개를 하려니까 좀 민망하네요(웃음).

러너라는 소개가 가장 먼저 나오네요. 달리는 자아가 가장 강한가 봐요.

어, 막상 그런 질문을 받으니 저도 잘 모르겠어요. 제 자아끼리 싸우거나 비교할 일이 잘 없거든요. 일할 땐 마케터 자아가 강하고 달릴 때는 달리는 자아가 강해요. 마찬가지로 유튜브 할 땐 유튜버 자아가, 글 쓸 때는 작가로서의 자아가 가장 강하죠. 그림 그릴 땐….

그림도 그려요?

네(웃음). 요새 즐겁게 배우고 있어요. 저는 저를 더 나아지게 하는 데 관심이 많아요. 기술을 배워서 성장하고 그걸 느끼는 걸 좋아하는 사람이거든요. 그런 의미에서 수영도 좋았어요. 저는 원래 수영을 전혀 못 하는 사람이었는데 배우기 시작하고 나서부터 200미터를 헤엄칠 수 있게 되고, 숨 쉬는 것도 처음보다 훨씬 잘되고, 접영은 꿈도 꾸지 않았는데 어느 순간부터 할 수 있게 되었어요. 한 발자국씩 나아가는 이 과정이 너무 즐겁고 재밌더라고요. 그때 제가 성장하는 걸 좋아한다고 깨달았어요.

표정만 봐도 좋아하는 게 느껴져요(웃음).

성장하는 것만큼 좋아하는 게 표현하는 거예요. 제가 직접 만든 것들을 사람들이 봐준다는 데서 매력을 느끼거든요. 《마케터의 일》을 출간한 것도 그런 맥락이었고, 유튜브 채널 〈인성아 뭐 샀니?〉도 그래서 시작한 거죠. 제가 보여주고 싶은 것들을 직접 촬영하고 편집하는 과정, 그리고 송출했을 때 반응이 온다는 게 재밌더라고요. 콘텐츠를 만드는 것도 흥미롭지만 제가 좀더 성장한다는 느낌을 받는 게 특히 즐거워요.

달리기도 그런 의미인가요?

음… (곰곰이 생각한다.) 맞아요. 정확히 '나를 표현하는 행위'라고 하긴 어렵지만, 성장한다는 느낌을 직접적으로 주는 활동이 바로 달리기예요. 지금은 많은 사람이 저를 러너라고 부르지만, 처음 달릴 땐 아주 엉망진창이었어요(웃음). 지금 생각하면 우스울 정도죠. 그게 벌써 13년 전 일인데 그때만 해도 제 주변에 달리기를 제대로 하는 사람이 아무도 없었어요. 달리기를 해봐야겠다고 생각했지만 하는 방법도 전혀 몰랐고, 알려고 하지도 않았고, 실은 방법이 있다는 것조차 몰랐어요. 완전히 깜깜한 상태로 무작정 10킬로를 달린 거죠. 요령 없이 킬로 수만 채우고 나니 '나는 못 하겠다.' 싶더라고요. 제 일이 아닌 것 같았어요.

어떤 기준으로 10킬로를 달려야겠다고 생각했어요?

큰 의미는 없었어요. 달리기에 목적을 두거나 대단한 생각을 가지고 있던 건 아니어서 막연하게 정한 거였죠. 제가 달리기 위해 준비한 건 옷이랑 신발밖에 없었어요. 달려 봐야겠다고 마음먹기 전까진 그 어떤 운동에도 관심이 없던 사람이라 청바지랑 구두밖에 없었거든요(웃음). 아무리 그래도 달리려면 복장은 갖춰야 할 것 같아서 운동복이랑 러닝화부터 샀어요. 그러고 나서 집 주변으로 달릴 만한 장소를 알아봤죠. 저는 아주 기본적인 것만 준비한 건데도 달리기를 한다는 건 마음과 시간을 쓰는 준비 과정이 필요하다는 걸 알게 됐어요. 운동과는 전혀 관계가 없던 제가 '이렇게까지' 하고 나온 건데, 10분만 뛰고 들어가는 건 용납이 안 되더라고요. 등산도 한 시간은 하는데 달리기도 그 정도는 해봐야 하지 않겠느냐는 생각으로 무작정 달렸어요. 그렇게 달린 게 10킬로였던 거죠.

달려보겠다는 마음은 어떻게 먹게 된 거예요?

일하다가요(웃음). 마케팅 업무를 하다 보면 케이스 스터디를 하는 일이 많은데요. 어느 날 애플과 나이키의 컬래버레이션에 대해 알게 됐어요. 각 분야에서 1등인 두 브랜드가 조합을 이룬다니까 관심이 생기더라고요. 그때 제가 공부한 게 나이키플러스Nikeplus라는 IT제품이었는데요. 나이키플러스 시리즈 운동화 바닥에 애플이 센서를 장착해서 아이팟 나노로 신호를 송신해 주는 컬래버레이션 제품이었어요. 굉장히 획기적이었고 광고도 멋졌어요. 그 당시 클라이언트에게

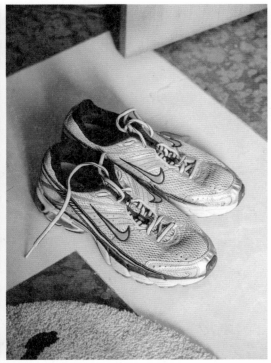

이 컬래버레이션 사례를 소개하는 일이 좀 많았는데, 말로만 소개하는 게 마음에 걸리더라고요. 해보지도 않은 걸 클라이언트에게 보여 주면서 "이런 게 있대요." 하는 게 좀… 멋이 없어 보였거든요(웃음). 그때 직접 해보자는 생각이 들어서 체험을 결심한 거죠. 처음에 10킬로를 달렸다고 했지만 사실 뛰다 걷다 한 거여서 달리기를 했다고 이야기하기도 민망해요. 어릴 때 오래달리기를 하면 처음에만 빨리 달리고 나중엔 헉헉거리면서 걸어 들어오는 애들 있잖아요. 제 첫 달리기가 꼭 그랬어요. 다음 날 몸져눕기까지 했죠. 제가 감당할 수 있는 일이 아니었던 거예요. 그러고 나서는 못 하겠다 싶어서 한동안 달리지 않았어요.

근데 어떻게 다시 달리게 됐어요?

첫 달리기를 하고 나서 1년 정도 지났을 즈음 신발장에 방치된 러닝화를 보게 됐어요. 기껏 시간과 비용을 들여 산 신발인데 아깝다는 생각이 들더라고요. 그래서 한 번 더 해보자 싶어서 러닝화를 신고 나갔어요. 잊지 않고 애플리케이션을 켜고 뛰었는데, 작년과 올해의 평균 속력이 나오는 거예요. 그걸 보고 올해 더 잘 달렸다는 걸 알게 됐죠. 두 그래프를 비교하는데 문득 '두 개가 뭐야, 셋은 돼야지.' 싶은 마음이 들었고, 세 번을 뛰어 그래프 세 개를 만들었더니 평균 속도랑 상승하는 곡선이 보이는 거예요. 그런 흐름을 보는 게 재밌어서 한 번 더, 한 번 더, 하면서 계속 뛰게 됐어요. 시각적으로 제가 어떻게 뛰는지가 보이니까 거기에 흥미가 붙은 거죠. 초

반엔 그런 재미로 쭉 달렸는데 꾸준히 하다 보니 언젠가부터는 그냥 몸을 움직이는 자체가 즐겁더라고요.

운동을 무척 좋아할 것 같은 인상인데 의외네요(웃음). 어린 시절엔 어땠어요?

반에서 체육을 제일 못하는 애였어요. 못한다고 말하긴 싫어서 12월생이어서 그렇다고 핑계를 대곤 했죠(웃음). 서른 살쯤 되면 30년이나 30.9년이나 그게 그거 같지만, 여덟 살 때는 그 차이가 엄청나거든요. 사실 초등학교 1학년생과 2학년생의 발육이나 운동 능력에는 차이가 크잖아요. 저는 한 학년 아래 아이들과 비슷한 수준이니까 못하는 게 당연했어요. 근데 제 입으로 못한다고 말하는 건 또 싫어서 안 한다고 우기면서 체육 수업도 잘 참여하지 않았죠. 못하니까 열심히 안 하고, 그러다 보니 더 못하게 되고, 못하면 더 안 하고, 안 하니까 계속 못하고…. 고등학교 졸업할 때까지 이 모드가 계속됐어요.

그래도 운동회는 축제 같지 않았어요?

어휴, 아니요. 어떤 종목이든 선수로 나갈 일이 전혀 없었고 몇 시간 동안 앉아서 응원만 하는 거잖아요. 어릴 때부터 스포츠 경기를 구경하거나 응원하는 데는 취미가 없었어요. 사람들이 월드컵이나 올림픽을 볼 때도 저는 음악을 듣거나 공부하면서 시간을 보냈죠. 몸을 써서 승부욕을 자극하는 행위보다는 감정의 오르내림과 철학, 예술 이런 쪽에 관심이 많

앉었어요. 광고도 그렇게 시작하게 된 건데, 영화에 관심이 있어서 영상을 공부하다 광고를 알게 됐어요. 제가 여태 보아온 아름다운 화면이나 멋진 음악, 카피가 압축된 예술이 바로 광고였던 거죠. 그래서 광고 동아리에 들어가서는 쭉 예술에만 꽂혀 지냈어요.

운동에 경쟁이 있다는 게 싫었던 건가요?

맞아요. 만일 달리기가 경쟁하는 종목이었다면 절대 도전하지 않았을 거예요. 제가 생각하기에 달리기의 중심은 '나'거든요. 내가 이번 달에 몇 킬로를 뛰었고, 내 속도가 어떤지가 중요한 거지 남들 기록이 그렇게까지 중요하진 않아요. 러너라면 대부분 사용할 애플리케이션 NRCNike Run Club에는 친구들 기록까지도 나오지만, 제가 처음 나이키플러스를 사용해서 달렸을 때만 해도 오로지 제 기록만 알 수 있었거든요. 그게 어쩌면 다행이었는지도 몰라요. 그때부터 제 기록에 집중했기 때문에 나중에 친구들 기록을 보게 되었을 때도 부수적인 재미로만 여길 수 있었어요. '그래서 뭐!' 하고 넘길 수 있게 된 거죠. 취미로 달리는 데는 이기고 지는 승부가 없어요. 굳이 경쟁해야 한다면 상대는 예전의 나뿐이에요. '지난 10킬로 마라톤 결과는 50분이었는데, 이번엔 48분이네?' 하는 식의 비교를 하는 거죠. 제가 달리기를 좋아하는 이유는 열심히 하는 만큼 성과로 돌아오기 때문이에요. 10킬로를 뛰던 사람이 연습을 통해 하프 마라톤에 출전하게 되고, 풀코스 마라톤까지 완주하게 되는 것. 이런 부분에서 느끼는 즐거움이 상당하거든요.

나와의 싸움이네요.

그렇죠. 달리기를 시작하고 한 10년 동안은 나를 이기는 게 굉장한 즐거움이자 달리는 동력이었어요. 그래서 해마다 마라톤 대회도 많이 나갔어요. 처음엔 10킬로, 그다음엔 하프, 그다음엔 풀코스…. 어떤 대회든 기록은 둘째 치고 열심히 달리는 사람들 사이에 있다는 것만으로도 에너지가 쭉쭉 생기거든요. 달리는 사람들 사이에 우두커니 서 있기만 해도 에너지가 모이고 신이 나요. 마라톤 대회는 달리는 사람들의 축제예요. 그동안 연습한 걸 펼쳐 보이겠다는 마음으로 모인 러너들이 '탕!' 소리를 듣고 일제히 출발하는 그 짜릿함. 나만의 번호표를 달고, 내 페이스를 찾아 달리다가, 중간중간 물도 마시고, 레일 옆에 서 있는 사람들에게서 응원도 받고. 마라톤을 해본 사람들은 알 거예요. 준비된 마라톤은 진짜 멋진 경험을 하는 거예요. 처음엔 그 축제의 느낌이 좋아서 나가기 시작했는데요. 완주할 때마다 제 기록을 알게 되니까 더 빨리, 더 잘 뛰고 싶다는 생각이 들어서 다음 대회, 그다음 대회에 계속 도전하게 되었어요. 완주 시간을 단축하기 위해 나를 몰아붙이고 훈련시키면서 안 되던 것들을 달성하는 게 재밌었어요.

처음 달렸을 땐 어땠어요?

첫 풀코스 마라톤은 하와이 호놀룰루에서 했어요. 완주라면 완주고 실패라면 실패인 경험이었어요. 기준을 어떻게 삼느냐에 따라 다를 것 같은데, 사실 제 기준에선 실패예요. 결승점을 통과하긴 했지만 30킬로를 지나면서부터는 무릎이 아파서 쩔뚝쩔뚝 걸어서 들어와야 했거든요. 저는 42.195킬로미터를 쭉 같은 속도로 뛰어서 들어오고 싶었어요. 그렇게 하려고 훈련도 했고요. 그런데 30킬로를 지나면서부터 체력은 남아 있는데 인대가 아파서 뜀박질이 안 되는 거예요. 응원하는 사람들은 제 상태를 잘 모르니까 "다 왔어, 조금만 힘내, 할 수 있어!" 하면서 옆에서 응원하는데, 정말 미치겠더라고요. 보내주는 엄청난 에너지는 고마운데, 힘이 없어서 못 뛰는 게 아니라 몸이 아파서 움직여지지 않는다는 게 너무 참담했죠. 해외였으니까 수중에 휴대폰도 없어서 결승점에서 걱정하고 있을 사람에게 제 상태를 알려줄 방법도 없었어요. 쩔뚝거리면서 완주는 했지만 이건 실패예요. 다섯 시간도 넘게 걸렸어요.

참담하기까지 했는데 어떻게 또 풀코스 마라톤에 출전하겠다고 결심했어요?

첫 마라톤을 완주하자마자 그다음 마라톤은 더 철저하게 준비해서 출전해야겠다고 생각했어요. 의지만으론 안 된다는 걸 알게 됐거든요. 마라톤은, 특히 풀코스 마라톤은 연습도, 공부도 제대로 해야 해요. 의욕만 앞섰던 첫 풀코스 마라톤 이후엔 몇 달 동안 인대가 아팠어요. 달렸을 뿐인데 인대가 왜 아플까 공부해 봤는데, 허벅지나 정강이, 종아리에 근육이 그만큼 충분히 받쳐 주지 않기 때문이란 걸 그때 알았어요. 이 모든 부담을 무릎이 안고 있던 거예요. 그래서 그 후로 스쿼트를 비롯해서 여러 운동을 하게 됐어요. 달리기 훈련 양도 충분히 늘렸고요. 마라톤 하는 방법을 알기 위해 동호회도 들어갔죠. 공부도, 훈련도, 연습도 많이 하면서 준비했어요.

의욕이 엄청난데요?

첫 도전이 마지막이면 "나의 풀코스 마라톤 도전기는 실패였다."고 끝나게 되잖아요. 그걸 참을 수 없었어요(웃음). 제가 만들고 싶은 서사는 '첫 마라톤은 실패였지만 꾸준한 노력으로 결국엔 성공했답니다.'였거든요. 미완의 스토리를 바꾸고 싶다는 생각으로 훈련한 덕분에 그다음 풀코스 마라톤에선 제 페이스대로 완주할 수 있었어요. 기록도 네 시간 안쪽이었고요. 완주에 성공하고 나니 드디어 마라톤 페이지의 서문이 완성된 것 같더라고요. 말로는 표현할 수 없을 정도로 좋았어요. 그런데… 지금은 풀코스 마라톤에 출전하기 위해 저를 몰아붙이는 훈련은 하지 않아요.

어? 왜요?

2년 전에 저희 부부랑 10년을 함께 산 고양이가 무지개다리를 건넜는데, 소중한 아이를 떠나보내는 게 너무 힘들고 슬펐어요. 그 시기를 보내면서 건강을 지키는 게 얼마나 소중하고 중요한지 실감하게 됐죠. 그때부터 몸을 혹사하는 일은 하지 말자고, 건강을 지키자고 다짐했는데, 그러면서 풀코스 마라톤에 회의적인 마음이 들더라고요. 사실 42.195킬로미터 완주는 내 수명을 어느 정도 떼어주는 일이에요. 즐겁고 멋진 일이지만 신체 기능을 깎아 먹는 게 분명하다는 생각이 들거든요. 그래서 이제 풀코스 마라톤은 그만두어야겠다고 생각한 거죠. 때마침 코로나19 때문에 2020년 한 해, 모든 마라톤 대회가 취소되면서 기록에 대한 욕구가 사라지기도 했고요.

'장인성의 달리기'에 서사가 보이는 것 같아요.

좀더 이야기해 보자면, 저는 10년 동안 마라톤에 출전하면서 기록이 해마다 좋아졌고 그걸 보는 게 즐거웠어요. 그러면서도 한편으로 걱정되는 게 있었는데요. 무라카미 하루키의 에세이 《달리기를 말할 때 내가 하고 싶은 이야기》에 이런 대목이 나와요. "40대도 중반을 넘어선 이후부터 그러한 자기 검증 시스템이 조금씩 변화를 보이기 시작했다. 간단하게 말하면, 레이스의 기록이 향상되지 않게 되었다. 나이를 생각하면 이것은 어쩔 수 없는 일이기도 하다." 내 지난 기록보다 더 빨리 달릴 수 없게 됐을 때 감정이나 소회 같은 걸 적어둔 건데요. 저도 사람이니까 신체가 노화하면서 언젠간 그런 날이 올 텐데, 최선을 다하고도 작년보다 못한 기록이 나오면 어쩌지 싶은 거예요. 저는 나날이 발전하고 성장하는 그 자체가 큰 기쁨인 사람이에요. 근데 '과연 내가 정체하거나 퇴화하는 걸 받아들일 수 있나?' 싶더라고요. 아직 오지 않은 미래를 생각하니 괴로웠어요. 기록에 대한 욕심이나 강박에서도 벗어나고 싶어졌고요. 그래서 한 3년 전부터는 마라톤에서 기록 세우는 걸 그만두었어요. 마음을 달리 먹고 난 후로는 미래에 대한 걱정이 확실히 사라졌어요. 점점 더 못하는 기록이 나오더라도 그렇게 슬프진 않을 것 같아요.

정말요?

…음 사실 말은 이렇게 하지만 기록 경신의 즐거움에서 쉽게 벗어나긴 힘들어요. 풀코스 마라톤에 나가지 않겠다고 했지만 이미 그 희열을 알아버렸기 때문에 다시 경험하고 싶다는 마음이 크죠. 그래도 내일을 위해 참고 견디는 거예요. 더 건강하게 달리고, 더 오래 달리기 위해서요. 그러다 보니 저를 극단으로 몰아가는 훈련보다는 건강을 지키면서 할 수 있는 달리기가 좀더 소중해지기도 했어요. 달리기의 무게 중심이 이젠 마라톤 대회에서 일상 속의 달리기로 옮겨간 것 같아요.

달리기가 생활에 더 가까워진 거네요.

맞아요. 그러면서 연습하는 것도 많이 달라졌어요. 이전에는 더 빨리 뛴다는 걸 목표로 에너지가 남지 않을 만큼 다 쓰는 게 당연했거든요. 그래서 달릴 때는 항상 비트가 있는 빠른 음악을 듣곤 했어요. 근데 기록에 연연하지 않게 되니까 천천히 즐기면서 달리게 되더라고요. 그러면서 자연스럽게 여유로운 음악을 듣게 됐고요. 한번은 한밤에 서울식물원 쪽에서 달린 적이 있는데요. 사람도 없고 고요한 가운데 나무들만 보이는데, 거기서 쿵쿵거리는 음악을 듣고 있으려니 안 어울린다는 생각이 들더라고요. 그래서 제가 어떤 음악을 들었는지 아세요? 삼박자의 왈츠요. 달리기에 왈츠라니 좀 우습죠?(웃음) 근데 어두운 나무 사이를 홀로 달리면서 왈츠를 듣는데 꼭 춤추는 것 같았어요. 제가 얼마나 헉헉거리는지, 속력이 어느 정도인지는 중요하지 않았어요. 그저 달리는 이 순간이 좋고, 고양되는 몸과 마음이 즐거웠어요. 그런 걸 경험하면서부터 달리기는 오롯한 생활이 되었어요.

왈츠와 달리기라니! 달리기용 플레이리스트가 궁금해지네요.

예전에는 고정적으로 듣는 플레이리스트가 있었지만 지금은 정해두고 듣는 건 없어요. 저를 몰아붙이면서 빠르게 뛰던 시절엔 비트가 있는 곡들 위주로 들었어요. 케미컬 브라더스Chemical Brothers나 푸 파이터스Foo Fighters 노래처럼 힘이 넘치는 곡들이었죠. 요즘은 그렇게 체력적으로 힘에 부치게 뛰지 않다 보니까 그때그때 듣는 노래도 달라져요. 같은 장소를 달리더라도 날마다 느낌이 다르기 때문에 기분 따라 듣는 노래도 달라지죠. 요즘엔 주로 남산공원, 그중에서도 남산 야외 식물원 주변을 달리고 있는데요. 나무가 많은 곳이어서 좀더 서정적인 곡들을 고르게 되더라고요. 요한 슈트라우스, 모차르트, 바흐 같은 곡들이요. 의외로 바흐 곡이 달리는 데 괜찮아요. 규칙성이 있는 음악이어서 달릴 때 호흡을 가다듬기 좋아서요. 낯설고 불규칙한 음악보다는 있는 듯 없는 듯한 익숙한 음악이 좋은 것 같아요. 한강공원도 자주 달리는 코스 중 하나인데, 한강공원은 좀더 도시적인 느낌이거든요. 그래서 이 코스를 달릴 땐 드라이한 일렉트로닉 음악 위주로 듣곤 해요. 더 엑스엑스The xx 같은. 아, 요새 특히 자주 듣는 음악은 타이코Tycho라는 팀의 전자음악이에요. 전자음악이라고 해서 클럽에서 나올 법한 음악은 아니고요(웃음). 어떻게 들으면 명상 음악 같기도 해서 달릴 때 듣기 참 좋아요.

나머지 세상을
달리기

달리기로 바뀐 점도 많을 것 같아요.

가장 크게는 땀을 내거나 움직이는 걸 싫어하던 사람이었는데 활동적으로 변했다는 거예요. 땀 내는 게 얼마나 멋진 일인지 알게 되면서부터는 달리기가 아니더라도 땀이 날 일을 찾아서 해보게 된 거죠. 첫 도전엔 앓아눕기까지 했던 달리기인데, 이걸 13년 동안 해 오면서 성장이라는 키워드를 봤어요. 나를 완성시킨다는 고양감이 저를 행복하게 했죠. 사실 이건 달리기가 만들어낸 변화의 절반밖에 안 돼요.

나머지 절반은요?

음, 달리는 동안 순수한 즐거움을 느끼게 됐다는 거요. 좋은 말만 하는 것 같지만 사실이 그렇거든요. 처음 달릴 때는 '너무 힘들다. 바빠 죽겠는데, 뛰고 나면 더 지치고 힘도 빠질 텐데, 이걸 왜 하는 거지?'라고 생각했어요. 근데 달리기가 어느 정도 몸에 익고 나니까 달리기를 할 때마다 힘이 나더라고요. 우울하고 힘들고 슬플 때 달리면 우울감이 사라지고 힘듦도, 슬픔도 멀어져요. 신기하죠? 제 기록이나 성장을 생각하지 않더라도 달리기는 그 자체로 순수한 기쁨이에요. 한 발씩 앞으로 내딛고, 눈앞으로 풍경들이 지나가고, 가볍게 앞으로 치고 나갈 때 느껴지는 생생한 쾌감…. 뛸 때마다 더 잘 뛸 수 있게 하는 호르몬들이 살아나는데, 그걸 느끼는 건 황홀한 경험이에요. 복잡함이나 힘듦이 사라진다는 걸 알게 된 뒤부턴 달리지 않을 수가 없어요.

꼭 영적인 경험 같아요(웃음).

말로만 들으면 좀 신기하죠? 근데 그렇게 낯설고 어려운 경험은 아니에요. 그저 '기분이 더 좋아진다.'는 거거든요. 제가 달리는 데서 순수한 기쁨을 얻는다는 걸 이젠 지인들도 다 아니까, 제가 조금 맛이 가 있다거나 힘들어 보이면 배우자는 가서 달리고 오라며 권하기도 해요. 그럴 땐 일단 옷을 갈아입고 달리러 가요. 일이나 사람 문제로 복잡해지거나 스트레스 상황이 와도 다른 욕구보다 달려야겠다는 생각이 제일 먼저 들어요. "나 뛰고 올게." 한마디하고 뛰러 나가면, 돌아올 땐 제가 정말 웃고 있어요.

그게 '러너스 하이Runners High'라는 건가요?

맞아요. 사실 이런 감정의 고양은 달리기 말고 다른 운동에도 있을 거예요. 사이클, 수영, 산악 달리기 같은 유산소 운동이요. 그중에서도 저한테 강하게 영향을 미치는 게 달리기인 거죠. 저도 달리기 초급자였을 땐 러너스 하이를 말로만 들어서 유니콘 같은 게 아닐까 생각했어요. 엄청 특별한 건 줄 알았거든요. 막 "뿅 맞은 것 같다."고들 하니까(웃음). 근데 한 번 감정적으로 고양되는 순간을 겪고 나니까 그 표현이 지나치게 과장되어 있다는 걸 알았어요. 환상적인 뭔가 펼쳐지는 건 아니고요, 기분이 좋아지고 힘이 넘치는 상태가 되는 거예요. 제가 정의한 이 감정이 맞는다면 러너스 하이는 달릴 때면 언제나 와요. 러너스 하이가 달리는 사람에겐 일상적이고 쉬운 일이란 걸 많은 사람이 알면 좋겠어요.

혹시 이런 건가요? 자전거 타면서 기분이 너무 좋아져서 어느 순간 콧노래가 절로 흘러나오는….

맞아요. 실컷 수영하고 샤워하고 나왔을 때 시원해지는 기분! 그거랑도 비슷해요. 물론 그보단 좀더 고양감이 있지만요(웃음).

때로는 괜히 달렸다, 너무 힘들다 하는 순간도 있지 않아요?

물론 있죠. 보통은 컨디션 때문이에요. 컨디션이 좋지 않다고 무조건 달리기 결과가 좋지 않은 건 아니고, 오히려 컨디션이 나쁠 때도 달리고 나면 좋아지는 경우가 훨씬 많아요. 사실 단련이 덜 되었을 때는 저도 집에서 옷 갈아입고 신발 챙겨 신고 현관문 바깥으로 나가는 게 힘들었어요. 몸이 무겁기도 하고 움직이기 귀찮기도 하고…. 특히 밖이 추울 때 이런 기분은 더 심해지는데요. 그래도 나가면 분명히 웃으면서 들어올 걸 알아서 달리기를 빼먹는 일은 없었어요. 그래도 1퍼센트 확률로 달리고 나서도 컨디션이 돌아오지 않거나 더 나빠지는 때가 있어요. 이럴 땐 미리 알아채고 나가지 않으면 좋을 텐데, 달리지 않으면 컨디션이 어떻게 될지 알 수가 없거든요. 사실 달리고도 상태가 좋지 않을 땐… 상처를 입어요. 그때 가장 중요한 건 '이런 날엔 나가면 안 되나

봐.'라고 생각하지 않는 거예요. 당장은 그런 생각이 들더라도 다음 날이 오면 생각을 바꿔야 하죠. 그러지 않으면 달리기와 거리감이 생기게 되거든요. 저는 달리기를 통해 마음을 단련하고 생각하는 연습까지도 해내고 있는 것 같아요.

달릴 동력을 얻기 위해서는 먹는 것도 중요할 것 같아요. 달리기랑 가장 잘 어울리는 음식을 추천해 본다면요?

맥주(웃음). 예전에는 목적지를 편의점으로 삼고 달리기도 했어요. 편의점까지 달린 다음에 거기서 맥주를 딱 한 캔 사서 마시고 돌아오는 거죠. 식생활에 신경 쓰게 된 이후로는 잘 안 그러지만….

건강을 위해 마시는 즐거움을 포기했군요.

그렇다고 참는 건 아니에요. 자연스럽게 생각을 덜 하게 된 거죠.

이것도 달리기가 준 변화겠네요.

일부는 그렇죠. 나머지 일부는 좋은 몸을 만들고 건강해지기 위해 식습관을 바꿔야겠다는 생각을 한 거고요. 좋은 탄수화물, 단백질, 지방의 긍정적인 효과와 알코올의 부정적인 효과를 이해하고 나니까 술에 대한 욕구가 확실히 덜 생기더라고요. '먹고 싶어도 참아야 해.' 하면 괴로울 텐데, 자연스럽게 욕구가 줄어서 다행이라고 생각해요. 물론 마시고 싶을 때도 있어요. 그럴 땐 참지 않고 마셔요. 매일 그런 게 아니니까 마시고 싶을 때 마셔도 건강을 해치지 않는다는 걸 잘 알고 있거든요.

최근에 건강이 화두에 오르면서 운동을 시작하는 사람도 많아진 것 같아요.

조심스럽게 이야기하자면, 그 시작은 건강이었다고 해도 목표를 정해두고 운동하는 것보다 운동 자체에 재미 붙이기를 추천해요. 분명히 그 편이 효과가 더 클 거거든요. 운동을 하다 보면 건강에는 자연스럽게 관심이 생길 수밖에 없어요. 저는 달리기를 시작하고 몸이 많이 건강해졌어요. 움직이다 보니 근육이 탄탄해지고 체력이 좋아진 것도 물론 있지만, 동시에 제 몸을 더 많이 생각하게 되더라고요. 이를테면 건강을 고려해서 식습관을 바꾸게 된 것처럼요. 요즘은 몸에 부담을 주지 않는 음식 위주로 양질의 영양소를 섭취하려고 노력해요. 정제된 밀이나 설탕을 먹지 않고 밀을 먹더라도 통밀을 고수하죠. 이렇게 챙겨 먹다 보면 체력이나 건강은 꼭 목표로 삼지 않더라도 자연스럽게 따라올 수밖에 없더라고요. 아마 지금 운동하고 있는 많은 분이 운동으로 이루고자 하는 목표가 있을 거예요. 하지만 저는 이게 운동을 시작하게 만드는 동기에서 그치면 좋겠어요. 그 목표를 잊어버리고 운동의 순수한 즐거움을 알고, 그걸 좇길 바라요. 그런 흐름 속에 있다 보면 분명히 처음에 목표한 바가 이루어져 있을 거예요.

운동하는 목표를 세우는 걸 권하지 않는 건가요?

나쁘다는 건 아니에요. 다만, 목표로 삼았을 때 태도가 경직되는 걸 경계하는 거죠. 목표를 위해 꼭 참고 운동하는 사람들이 분명 있을 텐데요. 하기 싫은 걸 참고, 힘든 걸 참고, 마음이 안 내키는 걸 참아가면서 하는 운동이 즐거울 리 없잖아요. 인간이라는 게, 싫은 걸 해낼 수 있도록 설계되어 있지가 않거든요. 어떤 활동이든 우선은 즐거워야 해요. 만일 지금 하고 있는 운동이 아무리 해도 즐겁지 않다면 더 즐거운 운동을 찾으면 좋겠어요. 누구에게나 재밌네, 싶은 운동은 있을 테고 그건 사람마다 다를 테니까요. 즐겁지 않은 운동을 억지로 하는 사람은 오래 하기가 어려워요. 반면 즐거운 운동은 하지 말라고 말려도 하게 되죠. 내가 즐겁게 할 수 있는 운동이 무엇인지 알고, 발견하고, 도전하는 게 목표를 세우는 것보다도 중요한 일 같아요.

즐겁게 운동하는 방법 중 하나가 변화를 주는 일 아닐까 싶어요. '여행지에서 달리기' 같은 거?

그게 진짜 묘미예요. 러닝화와 운동복은 사실 부피가 꽤 되지만 짐 가방을 하나 더 끌어안고서라도 먼 곳에 가져갈 가치가 있어요. 지난주엔 남해에 여행 가서 리조트를 크게 한 바퀴 달렸는데, 그때 걸으면서는 보지 못한 것들을 많이 보게 됐어요. 한적하고 멋진 공간 같은 거요. 그런 곳들을 찾은 덕분에 다음 날엔 거기서 책을 읽으면서 혼자만의 시간을 보내기도 했어요. 달리지 않았다면 모를 장소였죠. 달릴 때 보이는 공간을 왜 걸을 때 보지 못한다고 하는 건지 의아할 수도 있을 텐데요. 달리는 건 걸어서 보는 시야보다 훨씬 넓은 세상을 볼 수 있게 해요. 차로 보는 거랑도 다르고요. 여행지 주변에 어떤 게 있는지 확인하는 건 다른 걸로 대체할 수 없는 즐거움이에요.

외국에서 달리는 것도 황홀할 것 같아요.

아! 그거 정말 좋아요. 해외여행 가서 달리는 건 제게 선택이 아니라 필수예요. 사람들이 여행지에서 뭘 먹어야겠다, 어딜 들러야겠다, 하고 계획을 세우는 것처럼 저는 거기에 '여기를 뛰어봐야겠다!'를 하나 더 넣는 거죠. 파리에 갈 땐 센강을 쭉 따라서 에펠탑과 루브르 주변을 달리는 걸 계획했고, 뉴욕에 갔을 땐 센트럴 파크에서 조깅하는 계획을 세웠어요. 외국에서 조깅하는 건 현지인 식당에 가는 것과 비슷한 느낌을 줘요. 센트럴 파크에서 현지인들과 조깅하면서 뉴욕 생활자의 기분을 실컷 누리기도 했죠.

워낙 즐겁게 달려서인지 인성 씨 SNS를 통해 영향받는 사람도 많은 것 같아요.

오랫동안 달리기를 해오면서 티 내는 걸 잊지 않았거든요(웃음). "인성 님이 달리는 거 보고 궁금해서 시작했다."는 이야기를 듣는 건 참 기뻐요. 저는 가치 있다고 생각하는 일을 해왔을 뿐인데 다른 사람에게 좋은 영향을 주고, 그 사람이 저 때문에 달렸다고 이야기해 주면서 제가 다시 좋은 영향을 받는 건 기분 좋은 순환이거든요. 요즘은 자아성장 큐레이션 플랫폼 '밑미'에서 리추얼 메이커로도 활동하고 있는데요. '달리기를 일상으로 받아들이자'는 마인드로 일주일에 12킬로를 자신만의 속도로 달리는 걸 리추얼 목표로 삼고 사람들과 함께하고 있어요.

일상으로 만들기 위해서는 매일 달리는 게 중요한가요?

아뇨. 그건 저도 못 해요. 매일 달리는 건 사실상 어려워요. 저마다 하는 일도 있고, 날씨 영향도 받고, 컨디션이 안 좋을 때도 있으니까요. 그래서 '매일 달린다'는 목표는 실패하기 쉬워요. 제 목표는 '꾸준히 달린다'인데, 매주 일정 거리를 달린다면 꾸준한 거 아닐까요? 매주 12킬로를 달린다고 했을 때, 어떤 주는 하루에 몰아서 달리고, 어떤 주는 나눠서 달릴 수도 있을 거예요. 어떻게 달리든 매주 12킬로만 완주한다면 저는 그거야말로 꾸준히 달리는 거라고 생각해요.

달리기가 일상이 되면 어떤 게 달라져요?

체력과 신체를 몰아붙이는 달리기가 아니기 때문에 오히려 특별하게 느껴져요. 나를 고양시키는 게 바로 나 자신이라는 거, 그걸 아는 건 즐거운 일이거든요. 달리는 일이 즐거움이 되면 외부에서 굳이 무시하지 않아도 알아서 즐거움을 찾아 달리게 돼요. 제가 달리기를 계속하는 이유는 이 정신적인 고양감 때문이에요. 책을 쓰거나 유튜브를 하는 것도 비슷한 느낌 때문이고요. 이 모든 일은 내가 나를 성장하게 하는 기쁨을 줘요.

달리기와는 떼려야 뗄 수 없는 사이가 된 것 같아요. 달리기에 특히 고마운 점이 있다면요?

제가 모르던 세상의 절반을 알게 해줬다는 거요. 그전에는 머리로 하는 일만이 가치 있는 일이라 여겼어요. 생각이나 감각에서 파생되는 일들이요. 운동은 내가 아닌 누군가는 하겠지, 싶은 활동에 불과했거든요. 애초에 운동을 생각할 만큼의 관심도 없었죠. 그런데 달리기를 하고 있는 지금은 머리로 하는 활동과 몸으로 하는 활동이 세상을 절반씩 이루고 있다는 걸 알게 됐어요. 머리로 하는 활동이 제 세계를 장악하던 이전에 비해, 지금은 몸을 단련하면서 느끼는 즐거움과 고통이 절반의 영역을 구성하게 된 거예요. 그 사실을 깨닫고 나니 이전의 제가 세상의 절반만 보고 살아왔다는 걸 인정하게 되더라고요. 제 좁은 편견을 깨고 훨씬 더 넓은 세상으로 나아갈 수 있게 해준 점이 가장 고마워요.

우선은
준비를 합시다

새해 목표로 달리기를 꼽는 사람들도 있을 거예요. 달리기 초보자에게 팁을 하나 주신다면요?
우선 러닝화를 사세요.

일반 운동화는 안 되나요?
안 됩니다.

왜…요?
너무 단호했나요(웃음)? 근데 러닝화는 꼭 있으면 좋겠어요. 운동화가 생각보다 다양해서 달리기를 해도 괜찮은 일반 운동화도 있을 텐데요. 처음 달리는 사람은 그걸 구분할 수 없을 테니 이왕이면 러닝화로 장만하면 좋겠어요. 달리고 싶다는 마음만 앞서서 무작정 갖고 있는 컨버스 운동화를 신는다? 안 돼요. 밑창이 두꺼운 고무로 된 운동화를 신는다? 안 돼요.

러닝화는 일반 운동화랑 어떤 점이 달라요?
일단 가볍고 쿠션감이 좋아요. 기능도 그렇지만, 러닝화 정도

에는 투자를 좀 해야 그다음이라는 여지가 생기는 것 같아요. 러닝화를 신지 않으면 다칠 위험도 있고요. 제 경험담이기도 한데, 러닝화가 아닌 운동화를 신고 긴 거리를 달리면 무릎이나 허리, 발목을 다칠 수 있기 때문에 꼭 러닝화만큼은 투자해서 장만하면 좋겠어요. 보통 10만 원에서 20만 원 사이에서 살 수 있는데요. 운동이 아니라 취미 생활만 생각해 봐도 10-20만 원으로 입문할 수 있는 활동은 거의 없어요. 어쩌면 달리기는 가장 간단하게 시작할 수 있는 운동일지도 몰라요. 옷은 편한 옷만 있다면 꼭 운동복이 아니어도 괜찮거든요. 러닝화만 구매하고 시작했는데 이게 두 번이 되고, 세 번이 되다 보면 운동복이나 그 외 아이템은 '구비해야 하는 물건'이 아니라 '구비하고 싶은 물건'이 될 거예요. 그때부터 부담이 아니라 즐거움이 되는 거죠. 아, 그렇다고 너무 비싼 러닝화를 고르지는 마세요. 선수용일 확률이 높거든요.

선수용 러닝화도 안 되는 건가요?
선수용은 선수들 다리에 맞춰서 근육이 잘 발달되어 있다는 걸 전제로 두고 나온 거라 쿠션감이 훨씬 덜해요. 그래야 더

가볍게 만들 수 있거든요. 쿠션을 빼지 않고 내구성을 줄이기도 하고요. 내구성이 떨어지는 신발은 한 200킬로를 달리고 나면 더는 쓸 수 없게 되는 경우가 많아요. 금세 닳아서 선수는 한 번의 기록을 위해 달리는 사람이니까 내구성이 떨어지더라도 기록에 도움이 된다면 선택할 거예요. 그렇지만 일반인이 사용할 러닝화는 그런 용도가 아니니까 내구성도, 쿠션도 풍부해야 해요. 웬만하면 초급자는 전문가랑 상의하면서 발에 잘 맞는 러닝화로 구매하는 게 좋아요. 괜찮은 스포츠숍 러닝화 코너에서 일하는 분들에게 도움을 받을 수 있을 거예요.

코스 정하는 팁을 알려 준다면요?

우선은 집에서 너무 멀지 않으면 좋겠어요. 너무 멀면 주기적으로 나가기가 힘들거든요. 더군다나 처음 하는 사람이라면 더욱더 그렇고요. 또, 될 수 있으면 오르막이나 내리막이 없는 길이 좋아요. 아예 없을 필요는 없지만 일부러 선택할 필요는 없으니까요. 차가 불쑥불쑥 튀어나오지 않는 곳이면 더 좋을 거예요. 이 정도만 충족되어도 좋은 코스라고 생각해요. 최소한의 요건을 넘어 이야기해 보자면, 편평해서 쭉 달리기 좋은 길이나 예쁜 풍경이 늘어서서 재미있게 바뀌는 곳을 권하고 싶어요. 서울에서 제가 추천하고 싶은 코스는 경복궁 주변이나 청계천 쪽이에요. 아, 한강도 좋고요. 근데 한강은 잘못 고르면 풍경이 비슷하고 지루할 수 있어서 한강을 가더라도 잠수교를 건너고, 한강공원을 뛰고 하는 식으로 변주를 주는 게 좋아요. 실패하지 않는 코스를 하나 알려드리자면 동네 가까이 있는 천변이에요. 보통 천변에는 사람이 걷는 도로와 자전거 도로가 따로 있는데요. 그래서 오르막길이 없고 차가

튀어나오지도 않아요. 달리기에 최적화된 곳이죠. 이런 코스만 미리 찾아 둔다면 괜찮은 달리기를 해볼 수 있을 거예요. 천변에 가면 달리는 사람도 많을 테니 어떻게 뛰는지 관찰하는 것도 도움이 되겠죠?

처음 달리는 사람에게 러닝화나 코스 말고 또 중요한 게 있을까요?

가장 중요한 거, 페이스요. 처음 달리는 사람이 알아야 할 가장 중요한 게 바로 페이스거든요. 처음 달리는 사람들이 흔히 하는 실수가 살살 뛰지 않는다는 거예요. 무리해서 달리고선 '난 못 달리겠다.' 하는 거죠. 사람들은 '달리기를 한다'고 했을 때 가볍고 천천히 뛰는 조깅과 달리 빠르고 강한 이미지를 상상해요. 그래서 달리기 초반부터 상체를 앞으로 기울이고 팔을 팍팍 치면서 뛰어나가는 사람들이 많은데요. 그런 모양새로 달리다 보면 몇백 미터 못 뛰고 헉헉거리게 돼요. 그건 명백한 페이스 오버예요. 그것도 한참 오버(웃음).

페이스는 어떻게 찾을 수 있어요?

간단해요. 헉헉거릴 정도로 달리고 나면 보통 어떻게 하세요? 에너지를 비축하기 위해 멈춰서 숨을 몰아쉬거나 좀 천천히 달리게 되잖아요. 시간이 좀 지나면 헉헉거림이 잦아들고 숨도 돌아오는 경험을 해봤을 거예요. 달리기를 멈추고 가만히 있으면 숨이 돌아오지만, 속도만 조금 늦춰도 숨이나 맥박은 정상으로 돌아와요. 헉헉거릴 때마다 속도를 조금씩 늦추면서 에너지와 호흡을 맞추다 보면 내가 뛸 때 드는 에너지와 돌아오는 에너지가 정확히 맞물리는 순간이 와요. 어떤 속도에선 쓰는 에너지가 더 많지도, 채워지는 에너지가 더 많지

도 않게 완전히 50대 50으로 맞물리는데요. 균형이 맞는 바로 그 속도, 그게 나의 페이스예요.

오… 과학적이네요.
어떤 사람이든 자기만의 페이스는 반드시 있어요. 그 페이스를 찾아 그 속도로만 달리면 처음 달리는 사람도 5-10킬로는 달릴 수 있어요. 힘들다는 감각 없이 여기서 동해 바다까지도 가능할걸요? 이건 농담이고요(웃음). 얼마나 달릴 수 있느냐는 타고난 체력과 훈련에 따라 달라질 거예요. 충분한 훈련과 연습으로, 달리는 속도와 거리의 단계를 높여가는 게 달리는 사람의 일이죠. 처음 뛰는 사람은 자기 페이스나 적당한 거리 같은 건 당연히 몰라요. 그러니까 저도 처음부터 무작정 10킬로를 목표로 삼고 달렸죠. 만일 달려볼 생각을 하고 있다면, 가능한 한 천천히 1킬로 정도를 먼저 달려 보세요. 그 속도와 거리가 괜찮으면 다음 1킬로는 좀더 빠르게 달려보고…. 그렇게 반복하면서 나만의 리듬을 찾는 거예요. 나의 페이스로 달리는 사람은 처음 달릴 때와 마지막으로 달릴 때 속도가 같아요. 42.195킬로를 달리는 풀코스 마라톤에서도 출발할 때 속력과 도착할 때 속력이 거의 같죠. 처음엔 힘차게 달리다 나중에 느릿느릿 걸어 들어오는 사람들은 아직 자기 페이스를 몰라서 그래요. 못 뛰는 게 아니라 요령을 터득하지 못한 거죠. 저는 처음 제 페이스로 달렸을 때 '이 정도만 뛰면 되네?' 싶은 생각이 들었어요. 힘들어서 널브러졌던 첫 달리기와는 컨디션이 전혀 달랐죠. 페이스를 지켜서 달리다가 막판 스퍼트를 내면 내 기록도 깰 수 있게 되는데, 이게 마라톤의 매력이자 희열이에요.

이쯤에서 간단한 질문을 해볼까 봐요. 장인성에게 달리기란?
아, 이거 너무 어렵네요. 음… 음…. 답이 안 나오는데요(웃음).

음, 달리기가 단순한 운동은 아니죠?
아니죠.

일도 아니죠?
아니죠.

삶의 일부?
그렇죠. 삶의 일부고….

달리기 못 하면 괴로울 것 같아요?
아니요. 비슷한 종류의 다른 걸 찾을 거 같아요.

대체가 되는 거네요?
네. 신체적인 이유로 달리지 못하게 된 사람들이 수영도 많이 하더라고요. 제가 어떤 이유로 달리지 못하게 되면 그땐 몸을 움직이면서 기분이 리프레시되는 새로운 운동을 찾을 것 같아요.

그럼 특별한 이유가 없더라도 달리기를 그만두고 다른 운동을 할 수도 있다는 건가요?
네. 하지만 그런 일은 없을 것 같아요. 달리기가 너무 좋거든요.

달리기의 정의는 '너무 좋은 것'이 되겠네요(웃음).
그러네요(웃음). 좀더 이야기해 보자면, 저는 아직 배우고 싶은 운동이 많아요. 100-160킬로를 달리는 울트라 마라톤이나 산 몇 개를 뛰어서 넘는 산악 마라톤도 하고 싶어요. 며칠씩 시간을 들여 하는 운동이니까 기초 체력이 필요한 일이죠. 그리고 달리기를 하다 보면 철인 3종 경기를 해보고 싶어지는 건 당연한 일 같은데요. 철인 3종 경기를 하려면 달리기랑 함께 수영과 사이클을 해야 해요. 그래서 전 둘 다 하고 있어요. 체력을 극단으로 몰아붙이지 않겠다는 약속을 지키기 위해 대회에 출전하거나 기록 싸움을 하진 않을 테지만, 해볼 수 있는 운동들은 계속해서 경험해 보려고 해요. 수영을 하면서 서핑에 관심이 생기면 서핑도 배우고… 그런 식으로 계속 뻗어 나가고 싶어요.

운동을 좋아하지 않던 사람이라는 게 믿기질 않아요.
그렇죠? 저도 그래요.

2021년엔 또 어떤 일들을 하면서 보낼 예정인가요?
저는 제 삶의 균형을 상징하는 단어 세 개를 정해 두었어요. Run, Drink, Read 세 단어인데요. 달리고, 마시고, 읽는 데서 균형을 가지고 싶어요. Run과 Read는 달리고 읽는 거, 더 넓게는 새로운 걸 익히고 꾸준히 하고 싶어서 정한 단어고요. 흡수하는 만큼 배출하는 것도 소홀히 하면 안 된다는 생각으로 Drink라는 단어를 골랐어요. 삶의 재미를 잃으면 안 되니까요. Run과 Read가 몸과 마음의 건강을 쌓는 일이라면 Drink는 방전되지 않도록 그 균형을 맞춰주는 단어라고 볼 수 있겠죠. 이 세 단어를 가지고 있으면 제 삶은 언제나 조화를 이룰 것 같아요. 배우고 즐기는 데 최선을 다하고, 몸과 머리를 쓰는 데도 게을러지지 않는 생활을 이어나가고 싶어요.

삶에서도 나만의 페이스를 찾는 거네요.
명쾌한 해답이네요! 새해에도 저만의 속도로 즐겁게 달려보려고요.

장면과 장면을 달립니다

7.00 KM

1월 1일, 한 해의 첫날을 제대로 시작하고 싶다는 마음으로
달렸다. 달리면서 시작하는 한 해는 어쩐지 좀더 잘 살 수 있
을 것 같은 느낌이 든다.

01:37:52　21.11 KM　4'38''

혼자 달리는 것도 좋지만 대회가 주는 긴장과 흥분도 좋아한
다. 한껏 차려입고 나온 러너들의 상기된 표정 속에서 그동안
훈련했을 수고가 보여서 더 좋았다.

JUST DO IT
SUNDAY

5.09 KM

일요일 아침에 동료들과 트랙에 모여 훈련을 한다. 온전히 즐
기기 위해서는 진지하게 몰아붙이는 시간도 필요하다.

11.02 KM

SONGPAGU, SOUTH KOREA

달리지 않았다면 영영 모르고 살았을 서울의 모습을 보기도
한다. 달려서 마포대교를 건너고 동호대교를 건넌다. 하늘과
가로등과 자동차와 흐르는 강물을 본다.

장인성은 달리면서 많은 걸 할 수 있다.
고른 숨을 뱉으며 유튜브 촬영도 하고, 아이템 소개도 하고, 풍경을 보여주기도 한다.
그런 그가 달리기를 멈추는 순간이 있다면, 그건 바로 아름다운 장면을 포착할 때다.

새파란 하늘 사이에 붉은 기둥, 석양이 유리 건물에 반사되어 반짝거렸다. 사람이 만든 구조물들이 자연과 어울려서 만드는 조화를 좋아한다.

벚꽃이 피면 꼭 달리고 싶은 길이 있다. 석촌호수도 그중에 하나. 달리면서 사람들의 상기된 표정을 보는 일도 즐겁다.

겨울의 밤 공원에는 개 산책시키는 사람들 말고는 아무도 없다. 조용하다 못해 고요한 공원을 혼자 달린다. 요한 슈트라우스의 '푸른 도나우강'을 들으며 달렸다. 마침 안개도 끼어 있어서 더 아름다웠다.

여행을 오면 꼭 달리게 된다. 달리고 싶어서 좁은 여행 가방에 자리를 내어 러닝화와 옷들을 바리바리 챙긴다. 공원을 달리는 사람들은 달리기가 일상이다. 그들의 일상 속에 나의 여행을 살짝 끼워 넣는다.

향기 작가 한서형

Convey Happiness
With My Scent

세상을 구원하는 행복

한서형 작가는 행복을 전하는 향기를 만든다. 자신을 닮은 집을 짓고 자연의 향을 입히는
지금의 삶이 참으로 평온해 보이지만 작은 행복을 알아차리기까지 결코 쉬운 길은 아니었
다. 일곱 살 되던 해 동생의 죽음, 이어진 엄마의 학대, 부모의 이혼, 수차례 전학을 다니며
새로 사귀어야 했던 친구, 아버지의 재혼, 바라던 대학의 면접 전날 발병한 다리 마비…
성인이 되어 벌어진 일은 더 마음 아프다. 이른 나이에 팀장이 되어 관계의 어려움을 겪다
자신감이 바닥까지 떨어졌고, 왁스를 다루다 중증 화상을 입고 장애 진단을 받았다. 그런
데 참 기묘하다. 주저앉게 만드는 일들이 이어졌음에도 누구도 원망하지 않는다. 언제나
자신을 돕는 수호천사가 있다고 믿으며, 쓰라린 아픔을 치유해 자신의 가치를 향으로 나
누고 있다. 그대로의 나를 인정하기로 한 사람에게 스며 나오는 긍정의 향기가 이런 걸까.

에디터 **김현지** 포토그래퍼 **안가람**

내 행복을
선택하는 일

존경과 행복의 집

형태	전원주택
거주	9년
나이	9년

집으로 초대해 주셔서 감사해요. 오는 길에 보이는 산과 나무의 풍경이 정말 근사했어요.

마을 입구에서 언덕을 넘어서 오셨죠? 마을 입구가 잣나무로 둘러싸여 있고 환한 햇살이 비쳐요. 사실 저희도 더 먼 거리의 주택을 알아봤는데, 우연히 놀러 왔다가 산자락에 반해서 그날 바로 계약을 했어요. 아, 이 향 한번 맡아보세요(향잔에 아로마 오일을 떨어뜨려서 준다).

와, 좋아요. 기분이 화사해져요.

(웃음). 이건 멜리사라는 향이에요. 제가 직관적으로 좋아하던 향인데 알고 보니 제 별자리의 대표 향이기도 하더라고요. 상큼하면서 밝고 깊은 향이라 제가 닮고 싶은 향이에요.

안으로 들어오자마자 풍기는 향도 정말 편안해요.

그날그날 향을 만들어서 입히는 편인데 여기는 사람들에게

마음을 열어주고 편안하게 하는 숲 향기를 기반으로 시트러스와 제라늄이 블렌딩 된 향을 입혔어요. 인더 포레스트라는 향인데요. 나무와 책이 많다 보니 향을 머금어서 지금은 이것저것 섞인 거 같아요.

신발을 신고 들어와도 된다고 하셔서 좀 놀랐어요.

맞아요. 두 동으로 나뉘어 있는데 이곳은 근린 생활 공간이에요. 여기가 층고가 높고 책을 많이 꽂을 수 있거든요. 파리 서점이 이렇게 되어 있는 곳이 많아요. 살롱 문화라고 20대와 60대가 어우러져 토론하는 공간을 우리가 동경했어요. 신발을 벗고 들어오는 게 나의 맨발이나 양말을 보여주는 행위잖아요. 양말은 속옷이니까 사실은 아주 개인적인 행위인 거죠. 작은 부분인데 사람들이 좀더 편하게 마음을 열 수 있기를 바라서 저희가 건축사 선생님에게 요구한 부분이에요. 저희 마을에서는 도서관 집이라 불려요. 서가에 긍정심리학, 행복, 명상, 여행 등 꺼내서 아무 페이지나 봐도 마음 한편에 긍정적인 마음을 불러일으키는 책들을 꽂아 뒀어요. 벽난로를 꼭 가지고 싶어서 두었고요. 옆 동도 가보실래요? (옆 동으로 발걸음을 옮기면서 이야기한다.) 현관 앞 작은 주방을 지나면 침실이 있고 맞은편에는 다도실이 있어요. 침실과 정원이 연결되어 있고요. 날씨 좋을 때 야외에 의자를 두거나 데크에 매트를 깔고 해 뜨는 걸 봐요. 그때 기분이 너무 좋아요.

입구에 '존경과 행복의 집'이라는 명패를 봤어요. 의미가 궁금해요.

존경은 남편의 핵심 가치, 행복은 저의 핵심 가치예요. 저희가 국제코칭 과정에서 만났는데 그 커리큘럼에 인생의 핵심 가치를 찾는 수업이 있었어요. 모두 행복한 인생을 살고 싶어 하잖아요. 하지만 사람들에게 행복을 의미하는 단어가 다 다르더라고요. 어떤 이는 사랑, 누구는 가족, 다른 이는 성공. 남편은 자신이 존경받을 때 행복하고 남을 존중하는 게 몸에 밴 사람이라서 존경이고, 저는 아이처럼 제가 행복할 때 가장 즐거워서 행복이에요. 집을 지으려고 건축가분들과 미팅할 때 남편이 이런 말을 했어요. "우리 인생의 핵심 가치가 존경과 행복입니다. 우리 집에 두 단어가 가진 가치를 담아주실 수 있

나요?" 건축가분들이 당황해하셨어요. 그런 경험이 처음이었대요. 부담스럽지만 너무 좋다고 하셨어요. 창이나 복도, 공간을 어떻게 나눌지에 대한 아이디어를 우리가 제안하지 않았어요. 건축가분들이 저희의 핵심 가치를 담기 위해 아이디어를 내고 설계해 주셨어요. 저희 집이 정면에서 보면 두 건물이 살짝 틀어져 있어요. 나란히 있으면 크고 작게 느껴져요. 존경은 그런 의미가 아니잖아요. 살짝 틀었더니 크고 작고가 아니라 같은 방향을 보면서 서로 어우러지는 느낌이 들어서 살수록 너무 좋아요. 이름을 짓는다는 건 아주 중요한 일 같아요. 이름이 저희 삶에 많은 영향을 미쳤어요. 주소를 적을 때도 계속 각인되거든요. 각인된다는 건 내가 가진 강점을 확인하는 거니까요.

어요. 지인들도 여기서 시간을 보내고 나면 힐링이 된다고 하니, 공간의 힘이 분명히 있다고 생각해요.

삶의 가치가 행복이라고 했어요. 하루 일과 중 나를 가장 행복하게 하는 일은 뭔가요?
모든 순간 내가 더 행복한 순간을 선택하는 연습을 20년 넘게 해오다 보니 이제는 모든 순간이 행복해요. 문득문득 문을 열고 나갔는데 아름다운 산자락이 보일 때, 고양이들의 움직임을 가만히 바라보고 있을 때 웃음이 나고, 남편과 대화하고 이야기 나누는 순간도 감사해요. 제가 요즘 창작자 두 분과 창조성 워크숍을 하는데요. 일주일 동안 최근에 크게 웃었던 일을 적는 과제가 있었어요. 어제도 웃었고 그제도 웃은 거

집을 짓고 내 공간을 만들어나간다는 게, 내가 소중하게 여기는 가치를 담는 여정인 거네요.
맞아요. 우리가 생각하는 이치를 구현하는 과정이 참 행복했어요. 점점 다듬어지면서 우리가 생각하는 이상과 꿈이 실현되는 거잖아요. 공간을 나눌 때 어떤 공간이라 명명하기보다 무엇으로든 바뀔 수 있는 공간이길 바랐어요. 완벽하게 갖추기보다는 언제든 바꿀 수 있는 걸 허용하는 거예요. 누군가를 존경한다는 게 그 사람 자체를 인정한다는 것인데 사람이 늘 한 모습일 수는 없잖아요. 이럴 수도 있고 저럴 수도 있죠. 지금 침실인 곳도 원래 작업실이었어요. 일하기 너무 좁아서 작업실과 침실을 바꾼 거예요. 그래서 작업실 안에 욕조가 있어요(웃음). 그래서 집이 살아 있는 가족처럼 느껴져요. 집이 원하는 것을 들으려 노력하고 주소나 땅을 위한 명상도 많이 했

라 쓸 게 많더라고요. 그런데 두 분은 그걸 못 썼대요. 그분들도 분명히 웃었을 텐데 크게 웃었던 일을 쓰라고 하니까 의미를 찾지 않았나 싶어요. 크게 웃은 건 정말 큰 행복을 느낀 거라고 생각하더라고요. 저는 크게 웃는 순간이 그냥 활짝 웃은 순간들이라 생각했거든요.

사소한 행복을 잘 알아채는 거네요.
명상을 오래 하면서 마음 근육이 제법 단단해졌구나 느껴요. 마음 공부를 하면서 에너지는 공명한다고 배웠는데, 실제로도 제가 명상하고 공부하고 내 행복을 추구했더니 제 옆에 있는 사람이 행복해하더라고요. 내 행복에 더 힘쓰는 게 이기적이지만 가장 이타적이라는 게 입증되니 계속 마음 공부에 힘쓰게 돼요. 저는 40여 년을 '나는 무엇으로 사는가'를 끊임없

이 고민하며 살았어요. 어릴 때부터 예술가가 되고 싶었지만 부모님이 지원해 줄 상황이 아니었고, 등지고 살다가 스스로 돈을 벌면서부터 예술을 배우며 지냈어요. 향이 그 모든 것의 중심이 되어줘요. 사실 향은 행복이라는 핵심 가치를 느끼게 하는 하나의 도구인데 제가 가진 행복을 나누기에 너무 효과적인 거예요. 향을 다룬 이후 좋은 친구가 생긴 거 같아요.

나는 무엇으로 사는가를 어린 시절부터 고민한 거예요?

최근 오래된 친한 친구를 만났는데 "네가 마음 공부를 전문적으로 하기 전부터 너는 그런 생각을 했었어."라고 하더라고요. 그 얘기를 하다가 어린 시절을 생각해 봤어요. 떠올려보면 행복했던 기억이 거의 없어요. 제가 일곱 살 때 동생이 죽었어요. 그러면서 엄마가 저를 심하게 때렸어요. 정신적으로 견디기 힘들었던 거겠죠. 결국 아빠와 이혼을 하고 저는 아빠와 할머니 곁에서 자랐어요. 아빠가 재혼을 하셔서 떨어져 살다 새엄마와 같이 살기도 하고, 전학도 여러 번 다니고 친구도 계속 바뀌곤 했어요. 자라온 과정이 외로워서 사춘기를 힘들게 보냈어요. 그 과정에서 느끼고 배운 건 결국 내가 나를 챙겨야 한다는 점이에요. 아버지도 저에게 네 인생이니까 네가 챙기면서 살아야 한다는 말을 자주 했어요. 그래서인지 저는 자립심이 강한 편이고 삶의 여러 과정에서 부모님 도움을 한 번도 받은 적이 없어요. 학교 앞에서 자취할 때, 서울로 이사할 때도 제가 알아보고 스스로 했어요. 저는 그게 당연했어요. 너무 힘들 때 부모님에게 연락하거나 힘들다고 징징대는 대신 그냥 저 자신이랑 얘기했어요. 친구들도 많았지만 가장 좋은 친구는 저 자신이었어요. 30세에 대인 관계로 큰 좌절을 겪었을 때도 나를 치유할 수 있는 건 결국 나였고요.

어떤 좌절이었어요?

한때 저는 IT 기획자로 일했어요. 열심히 재미있게 일하다 보니 벤처 기업에 스카우트되어서 서른 살에 팀장이 됐어요. 정보대학원에서 석사 과정을 공부할 만큼 열정적이고 잘해보고 싶은 욕심이 한참 많았어요. 인정받고 싶은 욕구로 성과를 내기 위해 같이 일하는 팀원들에게 기획서 쓰는 것부터 여러 부분을 확실히 알려주려고 했어요. 그 과정에서 팀원들과 관계가 힘들어지기 시작했어요. 불편한 관계 속에서 외로운 시간을 보내며 자신감이 바닥으로 떨어졌어요. 그전까지 '나는 인간관계는 자신 있어.'라는 교만함과 오만함이 마음속에 있었거든요. 평생을 좋은 사람 소리를 들으며 살았어요. 누가 나를 싫어할 거라고는 상상도 못 했어요. 어떤 사람에겐 그게 그렇게 힘든 일일까 싶을 수 있는데 제 인생에서는 너무나 큰 일이었어요. 그때 대학원을 다니다 '행복'이라는 단어를 발견하고 긍정심리학이라는 과목을 수강했어요. 주된 과제는 자기 경험을 발표하고 토론하고 감사 일기를 쓰는 수업이었어요. 생활 속에서 실천한 긍정적인 태도를 과제로 제출하고 감

사편지를 쓰는 게 시험인 수업이었죠. 자신의 일상과 행복에 대해 이야기하는 시간이 주어지면 용기를 내어 제가 겪고 있는 문제에 대해 이야기하며 발표를 했어요. 사람들이 공감해주고 교수님이 피드백을 해주니 서서히 치유가 되더라고요. 마음이 이렇게 다칠 수 있다는 것도 처음 알았지만 '나아질 수 있구나, 마음이 아픈 것도 몸이 아픈 것과 비슷하구나.'라는 걸 확실히 알았어요. 어린 시절부터 가끔 어떤 목소리가 들리기도 했어요. 나한테는 수호천사가 있나 보다, 했는데 심리학을 공부하고 보니 그게 내면아이였어요.

심리학 책에서 내면아이라는 단어를 들어본 적이 있어요. 내면아이는 어떻게 만나는 거예요?

내면아이는 네 살 정도 되는 아이래요. 네 살 아이에게는 다정하게 말해줘야 듣잖아요. 하고 싶은 것도 많고 호기심도 풍부하고 언제나 놀이 시간이 필요하죠. 가만히 돌이켜보니까 제가 목적 없이 배우던 많은 예술이 내면아이를 위한 거였더라고요. 심리학에 여러 상담 기법이 있어요. 가장 안전한 상대를 찾아서 기억을 꺼내 감정을 분출하라는 말도 하는데요, 호오포노포노 명상법에서는 스스로 정화하는 게 가장 좋다고 해요. 나에게 일어나는 일은 끊임없이 기억이 재생되는 상태이고, 내가 해야 할 유일한 의무는 그 기억을 정화하는 거라고요. 끊임없이 떠오르는 불편한 기억에 '엑스'라고 그어 보세요. 가장 쉬운 정화법은 불편하고 힘든 기억이 떠오를 때도, 기분 좋고 행복한 기억이 떠오를 때도 "미안합니다, 용서하세요. 고맙습니다. 사랑합니다."라고 말하는 거예요. 줄여서 "나를 힘들게 하는 이 기억을 사랑합니다."라고 해도 돼요. 마음이 불편한 일이 있는데 정화하지 않고 바로 다른 일을 하면 내면아이는 내 마음 어딘가 맴돌며 끊임없이 기억을 재생시켜요. 정화하지 않으면 그 기억들이 나를 계속 방해할 거예요. 하지만 그 기억을 제대로 정화하고 나면 나의 창조성과 연결시킬 수 있어요.

그 도구로 향이 아주 효과적일 거 같아요. 만져지지도 않고 표현하기도 쉽지 않지만 기억을 가장 효과적으로 불러일으키는 감각이잖아요.

맞아요. 후각은 뇌와 직접 연결되고 대뇌변연계로 가니까 향이라는 게 감정이나 기억을 관장해요. 사람마다 자기 내면을 건드리는 향이 있어요. 저는 재스민 향을 발향하면 저도 모르게 제 깊은 속 이야기가 나와요. 재스민은 밤에 피는 꽃으로 밤의 여왕이라는 별명을 가지고 있어요. 무의식을 건드리는 향이라고 하더라고요. 멜리사는 제 영혼의 짝 같이 편안한 향이에요. 저와 닮은 거 같아서 저희 집에 가장 많은 향이기도 하고요.

몸과 마음을 챙기는
하루의 루틴

모닝 페이지 아침 눈을 뜨자마자 떠오르는 글을 노트에 3페이지 써요. 2년 정도 쓰다 보니 어떤 패턴이 생기더라고요. 첫 페이지에는 맥락도 문장도 완성되지 않은 횡설수설을, 두 번째 페이지에는 조금 더 정리된 나의 생각이나 오늘 해야 할 일들을, 세 번째 페이지에 이르러서야 나 자신과의 대화가 가능해져요. 나의 내면아이와 마주하는 소중한 시간이에요.

명상 아침에 떠오르는 해를 바라보며 호흡하는 시간만큼 축복이 있을까 자주 생각해요. 날씨가 허락하는 날에는 되도록 정원의 데크에서 해를 바라보며 명상을 하고, 일정이 빠듯하거나 출장 중일때는 발바닥과 지구의 연결감에 마음을 두는 걷기명상을 하기도 해요. 호기심 어린 눈길로 세상을 바라보고 나의 생각, 감정, 그리고 몸의 감각들을 알아차리면 자연스럽게 '어떻게'가 떠오르는데, 명상은 매순간을 알아차리고 지혜로운 선택을 하기 위한 연습이고 수련입니다.

마음챙김 요가 여러 가지 요가법을 배웠어요. 최근에는 리스토러티브 요가와 마음챙김 요가를 주로 하는데, 특히 마음챙김 요가는 동작이 아니라 그 동작을 하는 나를 알아차리는 게 중요한데, 간단해 보이는 동작도 힘들 때가 많고, 나의 몸의 이야기를 적극적으로 들을 수 있어요.

마이크로바이옴 식단 내 몸속에서 나와 공생하는 마이크로바이옴(장내미생물)을 위해 내가 먹을 때 장내미생물 먹거리도 함께 챙겨주는 개념으로 음식을 준비해요. 장내미생물의 먹거리가 부족하면 장벽 점막을 갉아 먹게 돼서 염증을 일으키거나 면역을 떨어뜨리고 아토피를 비롯한 자가면역질환, 심혈관질환, 염증성 질환뿐만 아니라 우울증의 위험성도 증가할 수 있어요. 과일은 껍질까지 먹기, 다양한 채소를 살짝 데쳐서 먹기 등으로 챙길 수 있는데요. 내가 먹고 싶은 음식을 먹으면서 장내미생물 먹거리를 더 챙겨 먹는 더하기 식단이라 누구나 쉽게 시작할 수 있어요.

내 가치를 전하는
향기라는 친구

작가로서의 첫 작품이 궁금해요.

향의 세계를 깊이 배울 수 있는 기관에서 공부를 한 뒤 주로 공간에 향을 입히거나 향 만드는 법을 가르치는 일을 해왔어요. 제가 향 만드는 걸 곁에서 지켜보던 남편이 향 하나를 만들 때도 마음을 담고 정성을 많이 들인다며 작가로 활동하면 좋겠다고 권유했어요. 하루는 호림미술관 백자 전시에 갔다가 달항아리를 처음 봤어요. 저렇게 아름다운 항아리에 향을 담으면 얼마나 좋을까 싶어 유약을 안 바른 초벌 도자기에 시도해 봤는데, 쉽게 깨지더라고요. 그래서 나무가 떠올랐어요. 보통 달항아리 하면 속이 비어있어야 한다고 생각하는데 저는 향을 머금게 해야 하니까 속을 비울 필요가 없었어요. 많은 목공장인을 찾아다니다 소개로 알게 된 분을 통해 달항아리를 완성하게 되었어요. 우여곡절 끝에 삼나무로 달항아리를 만들었고 향을 입혔어요. 그리고 2017년 〈집처럼〉 전시회에서 '달항아리, 향기를 머금다'라는 주제로 참여할 수 있었죠. 2018년 개인전 〈Aroma to art: Calm〉 전시를 준비하면서 우리나라 나무를 사용하고 싶어서 제주를 오가며 제주의 목공장인 손을 빌려 제주 삼나무 달항아리를 만들었어요. 전시에서 향기로운 숲을 걷는 경험을 연출하고 싶었어요. 한지에 향을 입혀 숲을 만들고, 4미터 정도 되는 작은 길 끝에 달항아리를 두고 "나는 있는 그대로의 나를 사랑한다"라는 메시지를 써뒀어요. 전시를 기획하면서 우는 사람이 있겠구나, 하는 생각을 했는데 정말 몇 분이 그 길에서 한참을 서성이거나 우셨어요. 두 분은 주저앉아서 10분을 엉엉 우시더라고요. 향이 나를 안아주는 것 같았다며 삶을 다르게 살 수 있을 거 같다고 했어요. 제가 무슨 이야기를 해드린 것도 아니고 스스로 느낀 거잖아요. 그게 향기의 힘이죠. 그런 것들을 느끼고 경험하다 보니까 향을 더 귀하게 대하게 돼요. 전시뿐 아니라 어떤 이에게 향을 만들어줄 때도 그런 마음을 담으려고 공부를 하고요. 달항아리를 만나서 작가로 활동하게 되었고, 특별하게 생각해 주셔서 아티스트들과 향을 만들거나 컬래버레이션 전시를 하기도 했어요. 조만간 다도레라는 티룸에서 소소하게 전시할 예정이에요.

향을 만들기 전에 명상에 더 집중을 한다고 했어요. 어떤 과정이에요?

어떤 날은 몸을 좀 움직이는 게 필요하고, 어떤 날은 아무것도 하지 않은 게 필요해요. 나 자신과 끊임없이 대화를 하고 내가 뭘 원하는지 계속 질문하면서 알아채는 거예요. 엄마가 아이에게 '뭐 먹고 싶어?', '뭐 하고 싶어?' 다정하게 물어보잖아요. 내 아이가 원하는 게 궁금하듯이 내면아이에게 물어보는 거예요. 향을 알수록 크리스탈, 싱잉볼 같은 도구도 만나게 되어서 그날그날 필요한 도구를 사용해요. 싱잉볼은 파동으로 나의 에너지 장의 균형을 맞춰줘요. 티베트에서는 싱잉볼을 만들 때 장인들이 싱잉볼을 갖는 사람의 행복을 위해 기도를 한대요. 그러니 싱잉볼 하나에 담긴 에너지가 얼마나 좋겠어요. 바디스캔 명상은 10-40분 앉거나 누워서 몸을 느끼는 거예요. 저는 마음챙김 명상에서 나온 오디오 가이드를 따라서 해요. 종교적인 명상에서는 잡념을 없애라고 하는데 마음챙김 명상은 잡념이 있으면 잡념이 있구나 바라보는 거예요. 내가 딴생각하는 걸 알아차리면 다시 숨을 내쉬고 들이쉬면서 나로 돌아오는 거죠. 어떤 때는 내일 해야 할 일을 생각하다 한참을 상상할 수 있어요. 그러다 문득 깨닫잖아요. 그럼 거기서부터 돌아오면 돼요. 계속하다 보면 잡념의 시간들이 점점 짧아지는 거고요. 우리가 득도하려고 명상을 하는 게 아니잖아요. 내 삶이 충만해지고 싶다면 이런 명상이 더 좋다고 생각해요. 그것도 힘들다면 순간에 집중하며 호흡해 보는 것도 좋고요.

일과 속에 집중하며 호흡하는 것도 명상이 되는 거예요?

그럼요. 일상의 순간에 명상이 배어 있는 게 가장 좋아요. 호오포노포노 명상법을 오래 해왔는데, 이 명상의 핵심은 공간이든 식물이든 몸이든 다 존재로 바라보고 인사하는 거예요. 물건을 하나 만질 때도 마음으로 '사랑한다. 고맙다.' 말해주라고 해요. 제가 자리에서 일어날 때 벌떡 일어나는 편이었거든요. 이 명상을 접하고 자리에서 일어날 때도 몸에게 말해줘요. '나 이제 일어날 거야.' 내 몸과 나를 분리해서 생각해 봐

요. 벌떡 일어나면 애가 얼마나 놀라겠어요. 일어날 거라고 말해두고 손을 짚고 정신을 깨우고 몸을 움직이는 거죠. 차 한 잔을 마셔도 천천히 향을 느끼며 음미하고, 설거지를 할 때도 몰입하는 거예요. 우리가 점심을 먹으면서 "저녁에 뭐 먹을까?" 이야기하잖아요. 지금 내가 먹는 점심에 집중을 못 하는 거죠. 집중하면 매 순간에 일어나는 감정을 알아차리게 돼요. 그걸 남편이 잘하는 편이에요. 저희는 차를 자주 내려 마시는데 차는 좀더 과정이 많고 잔도 작으니까 여러 차례 따라야 하죠. 그 과정이 주는 몰입이 확실히 있어요. 남편이 이런 말을 한 적이 있는데, 커피를 마실 때 우리는 일상의 다양한 이야기를 한대요. 그런데 차를 마실 때는 좋은 이야기, 아름다운 이야기를 하게 된다는 거예요. 차가 주는 긍정적인 기운이 있어서 차를 마시는 행위도 하나의 명상이지 않을까 생각해요. 걷기도 마찬가지예요. 회사에 다닐 때 점심 먹고 늘 공원을 걸었거든요. 그 시간이 너무 좋았어요. 아무 생각 안 하고 그 걸음에 집중하는 순간, 그것도 명상이 되는 거죠.

요가도 한다고 하셨죠?

네. 20대부터 요가를 배웠는데 4-5년 전부터 이완 요가, 비니 요가 같은 정적인 요가를 하고 있어요. 동작은 간단한데 관점이 달라요. 예전에 배운 요가는 아름다운 선을 만들기 위해 동작이 중요한 요가였어요. 물구나무서기가 안 되면 좌절하면서 계속 연습했어요. 그런데 마음챙김 요가 선생님이 말씀하시길 어려운 동작을 잘한다고 요가를 잘하는 게 아니래요. 호흡을 제대로 하는 것, 바른 자세로 앉는 것도 요가이고 몸의 균형이 잡힌다고 해요. 마음챙김 요가는 내 몸의 감각을 계속 느끼라고 해요. 동작을 할 때 내 몸을 바라보는 거예요. 오른손과 왼발을 뻗었을 때 몸 어디가 움직이는지, 어떤 느낌이 드는지 내 몸을 알아채는 거예요. 관점만 달라졌는데도 느껴지는 게 다르더라고요. 그래서 요가와 필라테스 강사분들도 힘들어해요. 여러 동작이 잘되고 숙련되어 있다고 생각했는데 몸의 반응을 본다는 게 전혀 다른 관점인 거예요. 몸만 운동하는 게 아니라 영혼도 함께 운동하는 느낌이에요. 연결감이 생겨서 운동을 무리하지 않게 되었어요. 몸매를 위해서 운동을 하면 피곤해도 해야 하잖아요. 근육에 무리가 오고 균형이 깨져서 아플 수 있고요. 몸을 귀하게 여기니까 달리지 않고 걷는다거나 피곤하면 쉬는 거예요. 이건 큰 차이 같아요. 해야 한다를 내려놓고 내가 할 수 있을 때 하면 된다는 시선이니까요.

운동이 내 몸을 귀하게 여기는 거라는 관점으로는 생각을 안 해본 거 같아요.

내가 나를 귀하게 여기면 모든 게 쉬워요. 몸의 소리를 듣고 적당한 조치를 취하는 거예요. 몸에 좋은 게 뭔지 알잖아요. 맛없어도 몸을 위해 먹게 되고 몸도 더 움직이게 되고, 하지

만 쉬어야 할 때는 무리하지 않고 멈추는 거예요. 운동을 하다 안 되는 동작은 별로 중요하지 않아요. 그 동작을 왜 해야 해요? 내가 동작을 목표로 하는 건 아니잖아요. 내 건강을 위해서 하는 거잖아요. 마음 근육 키우고, 몸의 감각을 알아채는 게 더 중요한 거죠. 그런데 최근 제 행복은 식습관의 영향이 크다는 걸 알게 되었어요. 예전부터 몸이 안 좋아서 현미와 채소를 먹고 음식을 싱겁게 먹는 편이었어요. 뇌와 장이 연결되어 있다는 건 알았는데 연구 자료를 보니 장에만 40조의 미생물이 산대요. 장내 미생물이 다양하고 활성화되면 소화가 잘되고 면역력이 좋아지는 걸 넘어서 사람을 행복하게 만드는 세로토닌이라는 게 나온다는 거예요. 내가 행복한 게 마음 공부 덕분이라고만 생각했는데 좋은 음식을 먹어서 그렇구나 하는 걸 알게 되었어요. 남편도 식단을 바꾸는 데 오랜 시간이 걸렸지만 요즘 별로 한 건 없는데 기분이 좋대요. 식습관만 바꿔도 행복해질 수 있는 거예요. 나를 귀하게 여기는 마음에서 시작하는 거니까요. 내면아이를 챙기듯이 장내 미생물을 챙기는 거예요. 결국은 몸과 마음이 통하는 거 같아요. 긍정심리학에서는 사람이 유전적으로 행복을 가지고 태어나는 게 40퍼센트, 환경이 10퍼센트, 나의 노력이 50퍼센트래요. 놀라운 거는 시작이 아무리 낮아도 노력으로 바꿀 수 있다는 거죠. 그 노력 중에 제일 쉽고 빠른 게 식생활 같아요.

운동을 이어나가는 것도 꾸준한 노력이 필요하잖아요. 그 힘은 뭔가요?

내 몸을 위한 일인가, 하는 질문을 해요. 나를 위해서 뭔가 해야겠다는 결심을 가장 힘들 때 더 절실히 하게 되었어요. 제가 이곳에 이사 오고 3년쯤 지나 큰 화상을 입었어요. 캔들과 왁스타블렛을 마켓에 선보이며 여러 향기 아이템을 개발하던 시기였어요. 2층을 증축하던 인부분들에게 물을 가져다드리고 작업을 하다가 왁스 컨테이너에 불이 붙은 거예요. 놀란 마음에 급히 옮기려다 양팔과 발에 왁스가 쏟아졌어요. 바로 병원에 갔지만 한쪽 팔과 손은 신경까지 일부 손상되어 장애 진단을 받았죠. 하려던 일들이 멈춰진 채 두 달을 병원에서 지냈어요. 처음엔 우울했지만 가만히 그 생각을 떨어뜨릴 마음에서 일어나는 생각에 휩쓸리지 않도록 심호흡을 하기 시작했어요. 우울에서 벗어나려 하기보다 약해진 제 상태를 알아보고 받아들였어요. 그때부터 너무 아프지만 재활을 위해 매일 운동을 했어요. 하루 종일 연습을 하면 손이 구부러지는데 다음 날 아침에는 또 안 구부러져요. 그렇게 몇 달 동안 매일매일 연습을 했더니 어느 날 제 손이 구부러져 있더라고요. 엄지를 쓴 지는 몇 달 안 되었어요. 제 몸을 통해서 많은 걸 배우고 깨달았어요. 아픈 게 감사할 일은 아니지만 그 과정을 어떻게 보내느냐에 따라 다른 거 같아요. 긍정이라는 게 좋게 생각하는 게 아니라 그냥 받아들이는 거

예요. 내가 나를 더 보살폈더니 다행히 몸과 마음이 잘 나아서 트라우마 없이 일을 계속하고 있어요.

이야기를 나누다 보니 집과 향기, 마음이 다 나를 알아가는 길목에서 만난 친구 같아요. 그 중심에 향기가 있다고 했어요. 향을 만드는 과정이 궁금해요.

가장 힘든 시기에 시작한 마음공부가 인생의 중심이 된다는 걸 알게 되었고, 몸을 치유하면서 향기에 대한 확신도 얻게 되었어요. 몸이 향기로 치유되는 과정을 직접 경험했으니까요. 저는 영감으로 블렌딩을 하기 때문에 과정이 그날그날 다른데요. 영감을 다스리려고 명상으로 마음을 정돈하고 나면 직관적으로 어떤 향을 만들어야겠다는 콘셉트가 떠올라요. 그때 떠오르는 향의 후보를 적어요. 향을 하나씩 맡으면서 탈락하는 후보도 있고, 남겨진 후보도 있겠죠. 그런 다음 하나씩 비커에 섞어 봐요. 시향지를 사용하면 좀더 안전하게 블렌딩을 할 수 있어요. 한 방울씩 묻혀서 어울리는 걸 볼 수 있거든요. 그러다 추가로 더하거나 이 정도면 내가 원하는 향기가 됐다고 했을 때 하나의 향이 만들어지는 거예요. 갈색 병에 옮긴 뒤 노트에 비율을 정리하고, 이름을 짓고, 설명을 적은 뒤 제작일을 써놔요.

나에게 맞는 향은 어떻게 찾을 수 있어요?

아로마테라피를 공부하신 분들은 아시겠지만 가장 좋은 향은 내가 지금 좋다고 느끼는 향이에요. 향은 본능이잖아요. 내가 이걸 발랐을 때 어떻게 보일까를 생각하는 게 아니라 그냥 좋은 걸 선택하는 연습을 해야 하는 거죠. 향을 맡았을 때 기분이 좋은지, 느낌이 어떤지를 충분히 음미하는 거예요. 좋은 향, 나쁜 향은 없거든요. 어떤 향 하나를 내 몸 가까이 오래 두면 나중에는 약하게 느껴지기도 해서 사람들이 향수를 점점 진하게 뿌리는 거예요. 사실 좋아하는 향이 여러 가지가 있고 거기서 그때그때 내 기분에 따라서 쓰는 연습을 하는 것도 좋아요. 우리가 다양한 음식을 먹는 게 좋듯이 편식하지 않고 여러 향을 경험하면서 좋은 향을 찾으려 노력하는 거예요.

꽤 만족하며 쓰던 향인데 어느 순간 그 향이 싫어지기도 하더라고요.

지금 이 향이 좋은 건 필요해서 그런 거예요. 근데 해결이 되면 다음 날 바로 안 좋아지기도 해요. 반대로 안 좋아하는 향이 나중에 좋아질 수도 있고요. 인공 향은 잘 모르겠는데 천연 향은 특히 감정과 연결되어 있기 때문에 충분히 가능해요. 그래서 남들이 재스민이 숙면에 좋대, 티트리가 항균에 좋대 하더라도 내가 지금 그 향이 싫으면 쓰면 안 돼요. 저는 향수를 쓰더라도 한 달에 한 번씩 바꾸고 방향제도 블렌딩 비율이라도 바꾸기를 추천해요. 내가 향을 위해 사는 게 아

니라, 나를 위해 향을 쓰는 거잖아요. 가끔 맹목적으로 향을 써야 한다고 여기곤 해요. 좋아하고 싫어하는 것도 내 선택인데 언제든지 달라지는 게 건강하다고 생각해요.

향은 고유의 예술 작품이잖아요. 나만의 원칙과 철학도 있을 텐데요.

저는 일을 하면서도 후각 훈련을 많이 안 하는 편인데요, 오래 일한 분들 중에는 어떤 향을 맡으면 그대로 즐기지 못하고 이건 뭐가 들어갔다고 분석하시는 경우도 있더라고요. 전 좋아하고 싫어하는 것을 머리가 아니라 직관적으로 발견하는 게 더 건강한 거라 생각해요. 내 마음이 평온하고 행복할 때 향을 만들고 자연 고유의 향을 가까이하려고 해요. 저희 집 마당에 여러 종류의 허브가 있어요. 식물에서 정말 다양한 향이 나거든요. 그걸 느낄 때 제 창조성이 열려 제가 원하는 향을 만들 수 있다고 생각해요. 또 양질의 오일을 검증된 곳에서 구입하고 물질안전보건자료MSDS를 확인하는 것도 중요하죠. 법규와 윤리적인 것도 잘 알아야 하고요. 향을 만들 땐 생명역동 달력을 참고해요. 독일의 마리아툰이라는 가족이 만든 걸 우리나라 평화나무농장에서 번역을 해서 해마다 판매하세요. 대표님이 제가 향을 만든다고 하니까 꽃이나 뿌리의 날을 잘 선택해서 블렌딩 하면 좋겠다는 얘기를 해주셨어요. 휴경의 날에는 씨도 뿌리지 않아야 하고요. 전시 작품이나 중요한 향을 만들 때 그 달력에 맞추려고 노력해요.

앞으로도 행복을 선택하며 향을 만들고 나누는 모습이 그려지는데요, 어떻게 살아가고 싶어요?

한동안 제 꿈은 숲을 사는 거였어요. 숲을 그만 파괴하고 싶은 마음 하나와 숲을 잘 가꾸고 싶은 마음이 있었어요. 어쩌다 제가 가진 꿈을 이룬 분을 만나게 되었는데, 다들 너무 지쳐 있었어요. 숲을 가진다는 건 그만큼 책임감이 따른다는 걸 알게 되면서 꿈을 이룬 사람을 만나면서 사는 것도 좋겠다로 바뀌었어요. 우리가 가진 공간 안에서 할 수 있는 걸 해보려고 해요. 내년이나 내후년엔 온실을 만들고 정원을 재정비할 계획이에요. 또 저와 남편은 죽음에 대한 얘기도 자주 나눠요. 우리가 나이가 많이 들어 거동하기 힘들어지고 누군가의 손을 빌려야 할 때 그 삶을 지속하는 것이 맞는지 고민했어요. 저희는 자식이 없으니까 어느 정도 나이가 되면 스위스에 가서 같은 날 안락사를 하는 것도 고려하고 있어요. 사는 동안 건강한 음식을 만들어 먹으면서 행복하게 살다가 지속할 만한 삶이 아니라면 내 생을 내가 마무리하는 것도 필요한 일 같아요. 삶이라는 게 내가 제대로 누리며 살지 못하는 데서 오는 불행은 누가 책임질 수 없잖아요.

공간에 어울리는 향기를 찾는 법

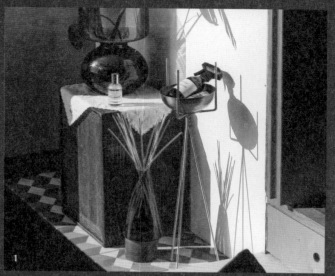

1 현관 온 가족이 드나드는 공간이자 외부와의 연결공간이라서 항균을 위해 발향을 충분히 하는 게 좋아요. 피톤치드 성분이 많이 함유된 파인이나 편백, 항균과 탈취 효과가 좋은 레몬 에센셜 오일이 함유된 디퓨저와 스프레이를 두어 수시로 향을 레이어링 하길 추천해요.

2 침실 잘 자기 위해서 편안한 분위기와 마음을 안정시켜주는 향기가 함께 한다면 더할 나위 없겠죠. 라벤더 향은 언제나 해답이 됩니다. 그리고 생각이 너무 많아서 잠을 못 이루는 분들께는 머릿속을 정리해주는 레몬 향을 추천해요. 침실은 주로 문을 닫아두고 생활하기 때문에 에탄올 베이스 디퓨저보다는 은은하게 발향하는 오일 베이스 디퓨저 타입이 좋아요.

3 주방 적극적인 탈취가 필요한 공간에서는 캔들이나 인센스, 스머지 스틱이 유용해요. 향기로운 연기가 다양한 냄새들을 잘 잡아주거든요. 그리고 스프레이 타입 방향제로 마무리해주면 산뜻한 주방을 늘 유지할 수 있어요.

4 화장실 잘 관리해도 다양한 냄새가 나는 화장실에는 깨끗하고 싱그러운 분위기를 만들어주는 페퍼민트나 로즈메리, 유칼립투스 등을 블렌딩한 향을 추천해요.

A Person Who Stops Walking

목적 없는 걸음으로

송은정 작가는 스스로를 '시작은 잘 하는 사람'이라고 말한다. 그녀에게 시작을 잘한다는 말은 결말을 상상하지 않는 것, 가능성이란 단어를 늘 곁에 두고 사는 것이다. 목적지 없는 걸음을 두려워하지 않는 그녀는 오늘도 걷다가 멈추기를 반복했다. 멈춰서 발견한 것들은 우리에게 해사한 웃음을 건네주었다. 한적한 창경궁의 풍경, 수북하게 쌓인 낙엽, 잔잔한 호수의 물결. 여러모로 완벽한 오후였다.

에디터 김지수 포토그래퍼 최모레

글을 쓰지 않아도
괜찮은 나

《저는 이 정도가 좋아요》가 출간된 지 1년이 다 되어가요. 책 속에 '출간 후 스트레스 후유증'에 관해서 이야기했는데요. 요즘은 어땠나요?

그 책을 쓸 당시 출간 후 스트레스에 시달리고 있었어요. 이번 출간 때는 나름대로 대비를 해야겠다고 생각했죠. 다른 집중할 수 있는 무언가를 찾아보기로 했는데, 그 출구가 비건 베이킹이었어요. 수업도 듣고 공부를 꽤 열심히 했죠. 그런 시기에 책을 마무리하면서 집에서 하루 종일 빵만 구웠어요(웃음). 관심사를 다른 곳에 쏟다 보니 자연스럽게 출간 후 우울감에서 벗어날 수 있었던 것 같아요. 글 쓰는 행위가 나를 증명하는 유일한 수단이 아니라는 것을 의식적으로 느끼려 했어요. 계속해서 다른 나 자신에 집중하다 보니 더 이상 얽매이지 않게 됐고요. 그 덕에 늘 힘들었던 시기를 부드럽게 지나왔네요.

'다른 나'에 집중한다는 말이 좋네요.

한 사람이 여러 정체성을 가지고 있는 게 좋다고 생각해요. 물론 하나의 '나'를 가지고 잘 살아가는 분들도 있지만 저는 오로지 글 쓰는 나 자신으로만 산다고 하면 마음이 옥죄어 와요. 왠지 더 대단한 것을 성취해야 할 것 같고 그러지 못했을 때 오는 좌절감이 아주 크고요. 특히 저와 비슷한, 제 또래 여성 작가분들이 너무 좋은 글을 썼을 때 놀라움도 느끼지만 그만큼 질투와 저 자신을 깎아내리는 감정에 힘들기도 해요. 그런 마음을 풀어내기 위해서 선택한 방법이 글이 나의 전부가 아니라는 것을 인지하는 거였어요. 저는 글을 쓰지 않아도 괜찮은 나이고 싶어요. 그게 요리든 베이킹이든 산책이든 글 이외의 더 많은 삶의 요소를 만드는 것이 중요하다고 생각해요.

인터뷰 장소로 창경궁을 추천했어요. 이곳은 주로 언제 산책하나요?

회사가 이 근처에 있어서 점심시간에 산책할 때가 많아요. 창경궁 주변 골목길을 지나 혜화역까지 걷기도 하고요. 창경궁은 다른 궁과 비교했을 때 위압감이 덜해요. 공원에 가까운

느낌이 있죠. 그런 편안함이 좋아요. 평일 대낮에 궁을 걷는 사람들을 보면 마음에 안도가 되기도 하고요. 생각해 보면 궁을 걷는 사람들 중에 다급한 사람은 없어요. 뭔가에 쫓기는, 바쁜 사람들이 궁에 와서 걷지는 않는 것 같아요. 그런 사람들이 산책하는 풍경, 멋진 나무들, 고양이들까지. 모두 어우러진 창경궁을 걷고 있으면 여유로워져요.

여유 있는 사람들을 마주한다는 게 어쩌면 행운이기도 해요.

그렇죠. 마치 그런 기운이 저한테 옮겨 오는 것 같아요. 늘 회사에 있다가 산책을 나오는데 일하면서 생긴 긴장이 풀리는 면도 있고요. 장소가 풍기는 호젓함에 감탄하기도 하죠.

어떨 때 산책이 필요하다고 느끼나요?

음…. 돌이켜 보면 일정한 패턴이 있어요. '일단멈춤'이라는 책방을 운영했을 땐 언제 찾아올지 모르는 손님들을 위해 같은 자리를 지켜야 한다는 것이 못 견디게 힘들 때가 있었어요. 그래서 잠시라도 문을 닫고 근처를 산책하고 왔죠. 프리랜서일 때는 일을 모두 마친 뒤에 한 시간씩 걸었고요. 그 시간들이 해방감을 주기도 하고 마치 근로자에서 생활인으로 돌아오는 과정으로 느껴지기도 했어요. 지금도 그래요. 어떤 상황이 버겁다고 느껴질 때 저 자신을 가볍게 하고 싶어서 걸음을 택해요.

저는 산책이 작은 여행과도 같다고 생각해요. 산책과 여행의 공통점을 찾아보면 모두 '우연한 발견'이 있다는 점이고요. 작가님이 걷고 여행하면서 우연히 발견한 것들은 무엇인지 궁금해요.

산책을 하다 보면 신기하게도 늘 실마리가 보였어요. 글을 쓰다 보면 막히는 시기가 있잖아요. 글 쓰는 이외의 순간에도 그렇고요. 어떻게 하면 좋을지 전혀 갈피를 못 잡고 있을 때 포기하는 심정으로 산책을 나갔는데 우연히 해답을 찾은 적이 많아요. 걷다 보니 자연스럽게 보이는 것들이죠. 그런 일은 시장에 가서 과일이나 채소를 고를 때, 핫도그를 사 먹는

사소한 때에 벌어져요. 장 그르니에Jean Grenier의 《일상적인 삶》에 '결국 산책이란 우리가 찾을 생각도 하지 않고 있는 것을 우리로 하여금 발견하게 해주는 수단이 아닐까?'라는 문장이 있어요. 굉장히 와닿는 말이었죠. 바라지 않았고 기대하지 않았던 것들이 우연하게 찾아오는 순간, 산책을 넘어서 여행할 때도 마찬가지고요.

어떤 발견들이었는지 궁금해요.

걷는 행위를 머릿속 그림으로 상상했을 때 내가 나에게서 멀어지는 모습이 연상돼요. 나로 출발해서 타인이든 어떤 세계든 그 바깥으로 걸어가는 모습을 떠올리게 되죠. 그러면서 나 자신과 얼마간 거리를 만든다고 생각해요. 오히려 지독하게 자신에게 골몰했을 때보다 많은 것들을 볼 수 있어요. 글을 쓴다는 것은 어쨌든 계속해서 나에 대해서 고민하고 쓰는 일의 연속이잖아요. 그러다 보면 어느 순간 나 자체가 너무 징그럽고 지겹게 느껴질 때가 와요. 결국 '나가 뭔데?' 하는 지경까지 이르는 거죠(웃음). 그래서 저는 걷는 일을 신뢰해요. 나와 멀어져 자신을 객관적으로 볼 수 있는 상태를 만드는 과정이에요.

주로 혼자 걷기를 좋아하실 것 같아요.

맞아요. 남편과 산책하는 일이 잦은데 가끔 혼자서 걸어도 되겠냐고 물을 때가 있어요. 따라오지 말라며(웃음). 어쩌면 고독한 시간이 필요한 것 같아요. 혼자이고 싶은 순간이 늘 있어요.

그럼에도 불구하고 누군가와 걷는다면 어떤 사람과 함께이고 싶어요?

제주도 여행을 했을 때 시험림을 같이 걸은 친구, 그리고 지금 다니는 회사 동료 과장님. 이렇게 두 사람이 떠오르네요. 둘의 공통점은 발견과 감탄을 잘하는 사람들이라는 점이에요. 함께 걷다 보면 수시로 걸음을 멈추게 돼요. 작은 것에 금방 감탄하고 놀라워하는 모습을 보고 있으면 저 혼자서는 발견하지 못하는 것을 찾을 때가 있어요. 같이 나무 이름, 꽃 이름 하나하나 알게 되는 것도 재미있고요. 삶에 큰 지식을 쌓고 있다는 생각도 들어요.

종종 목적지 없는 걸음에 관한 이야기를 하기도 해요.

처음부터 목적 없이 떠나거나 걷는 일을 즐기지는 않아요. 여행이든 산책이든 언제든 목적지가 예상과는 달라질 수 있고 길을 잃을 수도 있고 또는 갑자기 변경될 수도 있잖아요. 저는 그런 상황을 마주했을 때 잘 받아들이는 사람인 것 같아요. 오히려 그 순간을 즐기는 면이 있죠. 처음엔 당황스러워서 길을 찾으려고 애쓰던 시간들도 있었어요. 오히려 그런 경험을 반복하면서 새로운 곳을 우연히 발견하는 기쁨에 대해서 배웠어요. 원래 가려고 했던 곳은 아니지만 저에겐 이미 그곳이 목적지가 되었고 너무나 완벽한 여행이 된 거죠. 영화 〈런치박스〉(2013)의 "잘못된 기차가 결국엔 우리를 목적지로 데려다줄지도 모른다."는 문장을 자주 생각해요.

뜬금없지만 어릴 때 어떤 아이였는지 궁금해요. 어릴 때도 산책을 즐겼나요?

처음 받아보는 질문인데요(웃음). 오히려 반대였어요. 아주 어릴 때, 남동생이 태어나기 전까지 집 밖을 못 나가고 무서워했다고 해요. 엄마 옆에 찰싹 붙어서 유년기를 보낸 거죠. 산책과 여행을 좋아하는 지금의 제 모습을 보면 그러기 위해서 부단히 노력했다는 생각이 들어요. 주변에서 종종 제가 여유가 많은 사람이라는 이야기를 듣곤 하는데요. 저는 사실 그 여유를 갖기 위해 꾸준히 연습해 왔어요. 원래 그런 기질을 가진 사람이 아니었죠. 의식적으로 내 시간과 공백을 만들며 연습한 결과가 지금의 저라고 생각해요.

필요한 것을 무의식적으로 느끼고 자연스럽게 쌓아온 거네요.

어느새 그런 어른이 된 것 같아요(웃음). 그렇다고 생각하고 싶고요.

일단 멈추고
다시 걷기

'일단 멈춤'이라는 문장에 관해서 묻고 싶어요. 예전에 열었던 책방 이름이기도 하고 지금 SNS 계정 이름이기도 해요.
처음 '일단멈춤'이라는 책방 이름을 지었을 때가 가물가물하네요(웃음). 벌써 6년 전 이야기니까요. 지금 생각해도 신기할 만큼 그 문장에 완전히 사로잡혔어요. 정말 나에게 필요했고 나 자신에게 하고 싶은 말이라는 생각이 들었어요. 책방 테마는 '여행'에 맞춰져 있었지만 일단 멈춤이라는 문장은 좀더 포괄적인, 삶의 태도에 더 가까운 이름이었죠. 사실 '잠깐 멈춤', '잠시 멈춤' 등 여러 틀린 이름들로 불리기도 했는데요(웃음), 저에겐 반드시 '일단'이어야 했어요.

왜 '일단'이었나요?
저에게 '일단'은 너무 많은 걸 계산하지 않는 표현이에요. 일단 멈춘 다음에 생각해 볼 수 있다는 의미가 있어요. 늘 그냥 움직이기만 하면 그 상태로 쭉 나아가기만 할 뿐 다른 변화를 기대하기 어렵잖아요. 일단 멈추고서 한 템포 숨을 골라보는 거죠. 당시 회사 일에 너무 지쳐 있어서 저한테 필요한 말이기도 했어요. 직장을 다니기 전에 북아일랜드에서 살다 와서 그 괴리감에 더 힘들었거든요.

북아일랜드요?
20대 중후반이었을 때 이야기예요. 출판사 편집자로 일하고 있었는데 20대를 일만 하고 보내기에는 아깝다는 생각이 들었어요(웃음). 그때는 마지막이라는 생각에 조급하기도 했고요. 회사를 그만두고 당장 떠나야겠다는 결심을 했죠.

결심이 어렵지 않았나요? 일상에 너무 큰 변화잖아요.
결심은 빨랐어요. 오히려 너무 많은 것들이 계획되어 있다는 사실이 더 공포스러웠죠. 일을 하면 경력은 계속 쌓일 테고 남자친구랑도 문제가 없으면 결혼하게 될 예정이고요. 어떤 그림이 착착 그려지는 게 더 무서웠어요. 너무 빠르게 내 삶이

흘러가게 될 거라는 생각에 겁이 났죠. 제동을 걸어야겠다고 생각했어요.

계속 멈추고 다시 걷는 일을 반복한다는 생각이 들어요.
맞아요. '일단멈춤'이라는 책방 이름처럼 살고 있다고 생각해요(웃음).

대단해요. 퇴사를 하고 책방을 열었던 것도 용기가 아니었다고 말했는데요. 아무리 생각해도 저는 용기라는 말밖에 설명할 표현이 없는 것 같아요.
정말 이 정도의 용기였다고 밖에 이야기를 할 수 없어요(웃음). 만약에 제가 더 큰 용기가 있는 사람이었다면 대출도 받았겠죠. 더 규모 있게, 많은 걸 버리면서 책방을 열었을 거예요. 그런데 저는 빚을 지면서까지 사업에 도전할 만한 용기는 없었어요. 감당할 수 있는, 책임질 수 있는 만큼이 책방 일단멈춤의 정도였어요. 단순히 용기만의 문제가 아니에요. 모든 사람들이 어떤 큰 도전을 했을 때 단순히 용기를 냈다고 말할 수 있는 건 아니라고 생각해요. 각자의 환경이 지대한 영향을 준 거죠. 당시의 상황, 여윳돈, 염리동 소금길의 그 공간, 모든 것이 잘 맞아서 제가 낼 수 있었던 용기의 결과물이 일단멈춤이었어요.

아, 맞아요. 일단멈춤은 염리동 소금길에 있었죠. 어떤 동네였나요?
처음 갔을 때 굉장히 놀랐어요. 지금은 문을 닫았지만 그 당시 40년 된 문구점이 있었고, 한곳에서 오래 터를 잡고 살아간 분위기가 물씬 풍기는 동네였어요. 책방을 운영하는 2년 동안 좋아하는 장소들이 많이 생겼어요. 어느 길에 올라서 어느 집 앞 골목으로 올라가면 신촌 일대가 내려다보이는 장소가 있었어요. 노을이 잘 보이는 자리였죠. 지도로 명확히 찍을 수 없는, 단순히 길을 걷다가 발견할 수 없는 곳들을 찾는

재미가 있었어요. 그렇게 산책하면서 좋아하는 길을 걷고 다시 책방으로 돌아오면 약간 다른 내가 되어 있다는 느낌을 받곤 했어요. 고민과 스트레스는 그대로였지만 조금은 다른 내가 된 기분에 위로를 받았죠.

책방에 다녀간 손님들도 많았어요. 지금 떠오르는 사람이 있나요?

저는 기억력이 좋지 않은 편인데, 절대 잊히지 않는 사람이 있어요. 책에도 썼던 연애 상담을 하셨던 분이요. 제 인생을 통틀어 굉장히 신기한 경험이었어요. 전 상상도 할 수 없는 일이었죠. 봄이 막 시작될 무렵이라 햇살이 엄청 들어오고 있었고, 저는 분갈이를 하며 정리를 하는 중이었는데 저에게 말을 거시더라고요. 한참을 앉아서 그분이 겪은 사랑 이야기, 마음의 풍랑들을 듣게 됐어요. 저도 뭐라도 이야기를 해야 할 것 같아서 조언을 한답시고 주절주절 제 이야기를 했죠(웃음). 정말 신기했어요. 책방 주인이란 건 대체 뭘까, 질문도 던져보게 됐고요. 종종 손님들이 저에게 진로 고민이나 일종의 인생 상담을 하셨거든요.

왜 그랬을까요?

책방이 주는, 그 공간 자체가 주는 분위기에 답이 있지 않을까요? 저는 모르겠지만 비밀을 털어놔도 좋겠다는 생각을 하게 만드는 어떤 힘이 있던 게 아닐까 생각해요. 정작 저는 '내가 뭐라고'라며 속으로 말하곤 했죠(웃음). 너무 소중한 경험

이에요. 어떻게 처음 보는 저를 신뢰하고 솔직한 이야기를 들려준 걸까, 아직도 미스터리해요.

작가님이 호감을 주는 인상이었던 거죠(웃음). 책방을 닫을 때 했던 이야기도 기억에 남았어요. 좋아하는 것을 좋아하는 대로 두기로 한 건가요?

그랬다기보다는 인정을 했던 것 같아요. 좋아하는 일은 잘하지 않으면 너무 괴롭더라고요. 좋아하는 만큼 어떤 수준에 오르지 못했을 때 오는 자괴감이 너무 컸어요. 내가 책을 정말 좋아하는 사람이지만 책방 주인으로서는 부족했다는 것을 인정하기로 했어요. 좋아하는 것과 잘하는 것은 별개 일인 거죠. 알고 인정하니 저 자신에 대한 실망과 부끄러움이 서서히 누그러졌어요. 어려운 결정에 스스로 설득이 되었던 것 같아요. 그렇게 마음 편하게 책방을 닫을 수 있었고요.

또 책방을 열 생각이 있나요?

없어요(웃음). 최근에 지인에게 같은 질문을 받기도 했는데요. 물론 아예 없지는 않아요. 실은 좋은 아이디어가 떠오르기도 하고 이제는 좀더 잘해볼 수 있다는 생각도 하고요. 그런데 저는 읽고 쓰는 삶이 더 잘 어울리는 사람인 것 같아요.

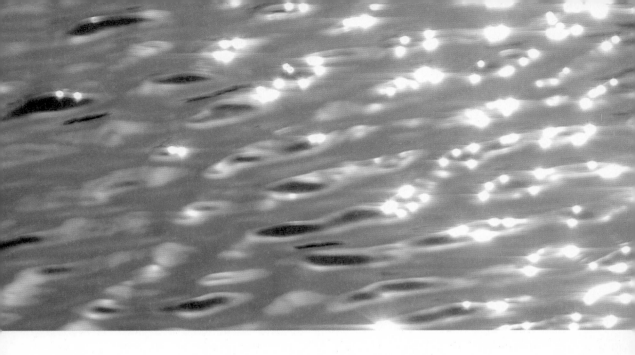

언제나
쓰고 지우는 사람

책 속에 실린 사진들도 참 좋아요. 어떤 순간에 카메라를 드나요?

그 질문을 받고 지금까지 찍은 사진들을 쭉 열어봤는데요. 이상하게 혼자 있는 어떤 사람의 사진이 많았어요. 홀로 뭔가에 골몰해 있는 사람, 의연하게 혼자서도 잘 살아갈 것 같은 느낌을 풍기는 사람들이었죠. 실제 그 삶은 잘 모르지만요. 어쩌면 그런 사람이 되고 싶어서 담으려 했는지도 몰라요. 혼자서도 씩씩하게 여행도 잘하고 밥도 잘 먹고(웃음). 무의식적으로 원했기 때문에 그런 사람들과 마주했을 때 카메라를 들었을 거라고 생각해요.

지금 떠오르는 사람이 있나요?

칠레 여행 중 만난 할머니인데요. 아타카마 사막에서 노을을 볼 때였어요. 아주 높은 언덕에서 해가 지는 멋진 풍경을 바라보는데 엄청나게 많은 관광객이 몰려와 있었어요. 모두 집중하면서 카메라를 들고 있었고, 저도 그중에 일부였죠. 치열하게 사진을 찍고 있는데 할머니 한 분이 사람들 무리에서 한 걸음 물러나 평화로운 표정으로 노을을 바라보고 계시더라고요. 그 장면이 아직도 안 잊혀요. 순간 저 자신이 아주 작아졌어요. 그 시간을 제대로 누리고 있는 사람은 할머니뿐이었죠.

얼굴에 드리운 노을빛, 떠들썩한 사이에 그분만의 세계가 완성된 느낌이었어요. 저런 사람이 되어야겠다는 생각을 했어요. 정말 아름다웠어요.

사진이 궁금하네요. 요즘 읽은 책들에서도 유난히 할머니가 등장하는 글이 많았다고 들었어요.

맞아요. 신기하게도 화자가 할머니거나 할머니라는 존재가 등장했어요. 사노 요코의《친애하는 미스터 최》, 유진목의《디스옥타비아》, 정세랑의《시선으로부터,》, 무루의《이상하고 자유로운 할머니가 되고 싶어》까지. 이 책들이 올해 저에게 아주 좋은 영향을 주었어요. 윗세대 중년 여성의 이야기를 들을 수 있는 기회가 늘 부족하다고 생각했는데 근래에 이런 갈증을 해소하게 돼서 좋았어요. 그전에는 저의 늙음을 상상하는 게 무척 어려웠어요. 항상 외적인 모습만 상상했죠. 주름이 있고 허리를 펴지 못하고 신체적으로 어떤 불편함이 있거나 노화된 여성의 모습을요. 늘 너무 두렵기만 했는데 앞에 얘기한 책들을 읽으면서 겉으로 보이는 늙음보다는 내면의 나이 듦, 어떻게 내 윤곽을 잡아가야 할지 고민하는 계기가 됐어요. 뭐랄까, 내가 노력한다면 원하는 모습으로 나아갈 수 있다는 생각이 들어서 기뻤어요. 노화는 막을 수 없는 거잖아요. 시간

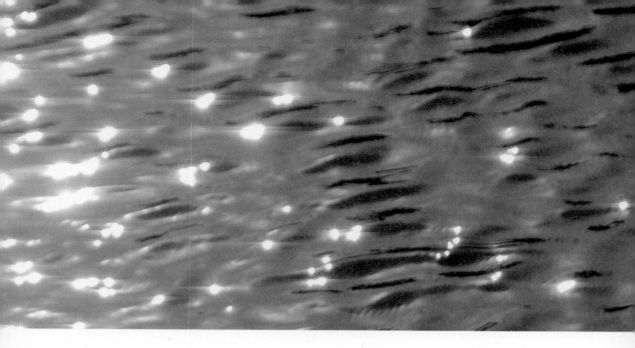

이 지나면 나는 늙어버리는 건데 언제나 수동적으로 받아들여 왔다면 지금은 좀더 주체적으로 나의 늙음을 준비해야겠다는 생각을 조금씩 하고 있어요.

다행히 고치면 고칠수록 글은 예외 없이 좋아졌다. 역량 부족의 글이 그래도 읽을 만한 수준이 된다. (중략) 무엇보다 쓰고 지우고 다시 쓰는 과정을 여러 차례 반복하면서 나는 내가 더 나은 사람이 되어가는 느낌을 경험한다.
– 송은정, 《저는 이 정도가 좋아요》 중에서

책에서 쓰고 지우는 일을 반복할수록 좋은 사람이 되어 간다고 말하는 구절이 있어요. 어떤 의미일까요?
쓰고 지운다는 게 결국 다시 생각한다는 의미잖아요. 단언하지 않고 섣불리 판단하지 않으려고 노력하는 거죠. 그 일련의 과정이 저를 좀더 나은 사람으로 만드는 것 같아요. 오만하지 않게 만들어 주는 거죠. 글을 쓰고 지우는 일은 너무 어려워요. 제가 쓴 서툰 문장을 바라보는 건 큰 고통이죠. 다른 책들도 많이 읽고 여러 문장을 참고해 고쳐 가면서 저 자신이 긍정적으로 변화한다고 느끼는 순간들이 있어요.

글 쓰는 건 정말….
어렵죠(웃음). 글 쓰는 과정도 어렵지만 더 어려운 건 글을 고치기 위해서 내 생각을 의심하는 시간이에요. 내가 맞는 건가, 혹시 누군가를 속이고 있는 건 아닐까, 누군가를 혐오하고 있는 건 아닐까, 실례를 범하는 것은 아닐까, 대상화하고 있는 건 아닐까…. 다시 쓰기 위해서 나를 점검하는 과정이 정말 두

렵더라고요. 그런 것을 하나씩 잡고 고쳐갈 때마다 그래도 내가 민폐를 덜 끼치겠구나(웃음), 어떤 사람들에게 상처를 줄 가능성을 줄이겠구나 생각하고 있어요.

이제 마지막 질문이에요. 나중에 어떤 산책을 하는 할머니가 되고 싶어요?
음…. 산책을 하는 할머니의 모습보다는 그 산책길을 가꾸는 할머니의 모습이 상상 돼요. 교토에서 집 앞을 비질하는 할머니들을 보면서 누군가의 산책길을 정돈하는 일도 중요하다는 생각이 들었어요. 북아일랜드에서도 크리스티나라는 할머니가 본인 집 앞에 튤립을 열심히 심고 계셨는데 그 모습이 무척 아름답더라고요. 가든 작업복에 운동화를 신고 흙을 만지며 정원을 가꾸는 풍경이 아주 멋졌어요. 나이가 들면 많이 걷지는 못하더라도 누군가가 걷는 길을, 또는 우리 집 주변을 잘 가꾸는 사람이 되면 좋겠다고 생각해요.

유난히 맑은 하늘. 신비로운 하루. 창경궁 호수에 비친 윤슬이 더욱 빛나는 날이었다. 그녀와 나눈 대화는 호수에 비친 잔물결 같은 것이었다. 그냥 지나치면 몰랐을 말들, 그냥 보았다면 몰랐을 아름다운 풍경의 연속이었다. 걷다가 주변을 살필 줄 아는 사람. 길을 잃어도 다른 길을 찾아 다시 걷는 사람. 내가 본 송은정 작가는 걷다가 멈추고 또다시 걷는 씩씩한 사람이었다.

라울 따뷔랭과 따뷔랭

운동에 떠올린 건 자전거, 자전거에 떠올린 건 라울 따뷔랭, 라울 따
뷔랭에 떠올린 건 장자크 상페. 오늘도 당신의 이야기를 빌릴게요.

글 이주연   자료 제공 열린책들

나의 첫
두발따뷔랭

"만약에 자전거의 변속이나 토 클립(페달에 달린 발 끼우개), 베어링, 체인 스프로킷(톱니바퀴), 튜브, 공기 타이어, 세미 타이어 또는 관 모양의 경주용 타이어 등등에 정통한 사람이 있다면, 그건 분명 생 세롱의 자전거포 주인 라울 따뷔랭일 것이다. (중략) 그의 명성이 어찌나 자자했던지 이 지역에서는 이제 자전거라는 말을 더 이상 쓰지 않고, '따뷔랭'이라는 말로 대신하게 되었다."

– 장자크 상페, 《자전거를 못 타는 아이》 중에서

나의 첫 두발따뷔랭은 대전 엑스포의 마스코트 꿈돌이가 그려진 삼천리 따뷔랭이었다. 이 따뷔랭은 동네에 있던 따뷔랭포에서 부모님이 사 주신 거였다. 우리 동네 따뷔랭포는 약간 경사진 곳에 있었고, 첫 두발따뷔랭을 사러 간 그날은 화창한 여름이었던 걸로 기억한다. 세 식구는 얕은 언덕에 올라 따뷔랭포로 들어섰다. 우리는 어린 내 따뷔랭이 될 것들의 면면을 살피기 시작했다. 나는 안장 몇 개에 앉아 보면서 가장 마음에 드는 따뷔랭을 세 개 골랐다. 내 손가락을 따라 마지막까지 남은 따뷔랭은 안장이 길어 뒤에 사람을 한 명 더 태울 수 있는 따뷔랭이었다. 따뷔랭포 주인이 내가 고른 두발따뷔랭에 보조 바퀴를 달아주었다. 언제든 두발따뷔랭을 탈 준비가 되면 떼어준다고 했다. 나는 두 발인 듯 아직은 네 발인 따뷔랭에 올랐다. 이제 이 따뷔랭은 내 거였다. 따뷔랭포 주인과 부모님은 이야기를 나누기 시작했다. 그건 따뷔랭 수리나 금액 흥정 같은 어른들의 대화였을 것이다. 그때 나는 좀 들떠 있었고, 그 순간 어쩐지 온몸이 둥실 떠오르는 것 같았다. 놀랍게도 그건 상상이 아니었다. 따뷔랭이 중력을 따라 구르기 시작한 것이다! 얕은 경사를 타고 돌돌 내려간 따뷔랭은 내가 탄 반대 방향으로, 그러니까 뒤통수 방향으로 돌돌 구르고 또 굴렀다. 경사의 끝은 4차선 차도였다. 이대로 언덕 아래까지 내려간다면 나와 내 따뷔랭은 차도로 내동댕이쳐질 게 뻔했고, 나는 끔찍한 결과를 알면서도 아무 소리도 내지 못했다. 손끝이 차가워지고 자동차 바퀴 소리가 점점 더 가까워지던 아슬아슬한 순간, 기적처럼 엄마가 나와 따뷔랭을 발견했다. 언덕을 지나던 차가 클랙슨을 울린 것도 같다. 엄마는 내 이름을 날카롭게 불렀다. 아빠는 긴 다리로 언덕을 재빠르게 달려와 따뷔랭을 붙잡았다. 나와 따뷔랭은 가까스로 정지했다. 나는 살아났고 따뷔랭도 무사했다. 차들과 부딪치지 않았고, 우리는 말짱히 살아 있었다.

천만다행이라는 꼬리표를 달고 나에게 온 따뷔랭은 검은색과 금색이 화려하게 얽힌 따뷔랭이었다. 핸들 옆엔 작은 고무 단추가 달려 있었다. 바람이 채워진 그것을 누르면 '삐뽀' 하는 소리가 났는데, 나는 그 소리를 들으면 언덕에서 곤두박질치던, 곤두박질칠 수도 있던 그 순간이 생각났다. 그래서 경적을 울리는 게 싫었다. 어느 날 사촌 오빠가 내 따뷔랭에 올라 미친 듯이 경적을 울렸을 땐 신경이 잔뜩 뾰족해졌고, 못 참겠다는 마음으로 빡빡 문질러 닦았다. 정말이지… 너무 싫었다. 내 따뷔랭 바큇살에는 작은 동그라미 장식이 몇 개 매달려 있었다. 페달을 밟으면 따뷔랭 바퀴 안에서 색색깔의 그것들이 아름답게 돌아갔다. 내가 페달을 힘차게 구르면 구를수록 색은 더 넓게 퍼졌는데, 아쉽게도 따뷔랭 위에 앉은 나는 내 따뷔랭 바퀴가 어떻게 굴러가는지 볼 수 없었다.

두발따뷔랭
정복기

"따뷔랭의 창조자 라울 따뷔랭 자신은 그 명성에 걸맞게 살고 있지 못하다는 거였다. (중략) 너무 엄청나서 그 누구도 짐작조차 못할 비밀, 그것은 그가 자전거 타는 법을 모른다는 것이었다. 그러니까 그는 '따뷔랭'을 탈 줄 몰랐다."

– 장자크 상페,《자전거를 못 타는 아이》중에서

어느 날 나와는 관계가 복잡한 먼 친척 집에 가게 되었다. 아빠의 외삼촌이었나, 아빠의 외삼촌의 아들이었나, 여하간 내가 '아저씨'라고 부를 만한 사람이 사는 곳이었다. 난생처음 방문한 그 집은 좀 낯설었다. 내가 살던 아파트와는 다르게 매끈한 장판도 없었고 야광 벽지도 없었다. 흙과 돌과 나무가 무성한 그곳에 좀처럼 적응하지 못하고 담벼락을 기웃대며 노래나 부르고 있을 때, 엄마가 그 집 앞에 서 있는 따뷔랭을 가리켰다. "따뷔랭 탈까?" 그러자고 하고 싶었지만 그건 내 꿈돌이 따뷔랭이 아니었다. 보조 바퀴도 없었고, 바퀴도 훨씬 커다랬다. 안장도 더 높은 것 같아 무서웠지만, 그때까지만 해도 못 하는 게 별로 없던 나는 호기심 반, 두려움 반을 안고 고개를 끄덕였다.

안장은 아빠가 조절했다. 처음보단 약간 낮아진 따뷔랭에 올라 페달을 밟았을 때, 놀랍도록 불안정하게 휘청거리는 따뷔랭에 심장이 쿵쾅쿵쾅 뛰었다. 내려가고 싶다고 했지만, 균형을 잘 잡으면 바퀴를 굴릴 수 있을 거란 말에 용기를 냈다. 엄마가 뒤에서 잡고 있으니 쓰러지지 않을 거라는 말을 굳게 믿었다. 나는 흔들거리는 따뷔랭 위에서 페달을 천천히 밟았다. 엄마는 뒤를 돌아보지 말라고, 핸들에서 손을 떼지 말라고 했다. 따뷔랭을 타면서 핸들에서 손을 어떻게 뗄 수 있는지, 그게 가능은 한지 생각하면서 허벅지에 힘을 실어 페달을 밟았다. 한 번 크게 휘청하곤 넘어지려나 싶었는데 놀랍게도 내가 탄 따뷔랭은 우뚝 섰다. 엄마가 뒤에서 잘 잡아준 덕이라고 생각했다. 나는 낯선 집의 대문을 넘어 작은 동네의 길가로 나갔다. 우리 동네와는 너무도 다른 황금색 풍경. 그곳에선 좀… 이상한 냄새가 났다. 나는 따뷔랭 위에서 "이상한 냄새가 나는데?" 하고 물었다. 엄마는 대답하지 않았다. 나는 따뷔랭 위에서 좀더 크게 소리쳤다. "똥 냄새가 나는데? 안 나?" 아무 대답도 들리지 않았다. 순간 몹시도 답답해져 브레이크를 세게 잡았다. 반동으로 기울어버린 따뷔랭을 작은 손으로 힘껏 잡고는 넘어지지 않기 위해 안간힘을 썼다. 잔뜩 일그러진 표정으로 고개를 돌렸을 때… 따뷔랭 뒤엔 아무도 없었다. 그저 똥 냄새를 가르며 달려온 황금 들판만이 남아 있을 뿐이었다.

자전거를 못 타는 아이
장자크 상페 | 열린책들

인생은 단순한 균형의 문제
장자크 상페 | 열린책들

Axiom For Each Other

자전거 사 주는 멋진 아들

연희동 김작가 부부의 결혼기념일, 집 앞에 커다란 박스가 두 개 도착했다. 발신자는 아들. 설레는 마음으로 풀어보니 검은색 자전거 두 대가 다소곳이 담겨 있다. 언덕배 기에 있는 집에 수월하게 오르내릴 수 있도록 마음 쓴 전기 자전거. 자전거 타기를 좋아하는 부부는 선물 받은 그날부터 한강을 질주하기 시작했다. 연희동에서 잠수교 까지, 잠수교 너머 반포대교까지. 봄이 오면 양평에도 가고, 강아지 또찌와 함께 제주 해안도로도 질주하겠다는 부부. 금혼식엔 자전거 전국 일주를 계획하고 있다는데….

에디터 **이주연**   포토그래퍼 **김연경**

연희동 김작가 한승재 엄마

한병기 한승재 아빠

한승재 푸하하하 프렌즈 건축사사무소 공동대표

집이 참 포근해요. 구석구석 멋진 소품이 참 많네요.

연희동 김작가: 우선 타르트부터 하나 먹어 봐요(웃음). 손님 오신대서 굽는 시각에 맞춰서 사 왔어.

병기: 근데 이렇게 앉아도 되나? 말을 가장 많이 하는 사람이 가까이 앉아야지.

연희동 김작가: 왜, 병기 씨가 말 제일 많이 하면 되지. 아니, 한승재가 말 제일 많이 할 것 같은데? 네가 여기 앉아.

승재: 그냥 아무 데나 앉아도 될 것 같은데….

연희동 김작가: 그래? 근데 나 루즈도 안 발랐는데.

바르고 오셔도 돼요(웃음).

승재: 안 바른 게 나은 것 같은데?

연희동 김작가: 아니야! 한승재, 넌 머리가 왜 그러니?

승재: 아니, 엄마, 입술 안 바른 게 더 좋다니깐.

연희동 김작가: 아무리 장발이어도 그렇지, 좀 멋있게 풀어 봐.

병기: ….

가족을 만나니 분위기가 편안하네요(웃음). 소개부터 할까요?

연희동 김작가: 나는 꽃 좋아하고, 강아지 좋아하고요. 또 두 아이 엄마이고 브런치에 '연희동 김작가'라는 필명으로 작품 활동도 하고 있어요.

브런치 정말 재밌던데요! 시간 가는 줄 모르고 읽었어요.

연희동 김작가: 그렇죠(웃음)? 아유, 이럴 땐 '그래요?' 해야 하는데 제가 이래요(웃음).

승재: …저는 한승재고요. 건축가고요. 글도 쓰고 있고요. 얼마 전까진 이 집에 함께 살았어요.

언제 출가하셨어요?

승재: 3년 전쯤이요. 얹혀사는 게 언제부턴가 눈치가 보이더라고요. 부모님이 눈치를 주신 건 아닌데 손님이 오시거나 하면 신경이 쓰였어요.

연희동 김작가: 그래서 나갔어? 몰랐네.

병기: 저는 한승재 아빠입니다. 이름은 한병기고요. 교사로 오래 일하다가 지금은 손녀 매니저로 지내고 있어요(웃음).

아들이 독립한다고 할 때 서운하진 않으셨어요?

연희동 김작가: 지금도 자주 왕래하고 있어서 특별히 그렇지는 않아요. 승재가 좋아하는 음식을 차려놓고 부르면 곧 잘 오거든요. 회사랑 이사한 집 사이에 이 집이 있어서 퇴근 길에도 종종 들르고요. 사실 처음 독립한다고 할 땐 많이 서운했죠. 이젠 정말 이 집에 우리 둘과 나이 든 강아지들만 남겠구나 싶어서요. 이 집엔 강아지 '또찌'랑 '세찌'가 있는데, 세찌는 재작년에 열일곱 나이로 죽었어요. 지금은 또찌가 딱 그 나이죠. 신기한 게, 저희 집에 들어오면 그게 뭐든 잘 살아요. 그래서 오래된 물건이 참 많아요. 마당에 있는 크리스마스트리도 36년이나 된 거예요. 한승재가 다섯 살일 때 만들어준 트리거든요(웃음). 에어컨도 25년이 넘었고….

오늘은 세 분이 즐겨 타는 자전거에 대해 들어보고 싶어요. 처음 두발자전거 탄 날 기억하세요?

병기: 엄청 오래됐죠. 저는 어디서 배웠는지 기억도 안 나요. 어릴 때 탔던 기억만 어렴풋이….

연희동 김작가: 저는 기억나요. 저는 오빠가 넷이거든요. 오빠들을 졸졸 쫓아다니면서 같이 노는 게 일상이었는데, 중학생 때 두발자전거를 처음 타보게 됐어요. 중학생이면 한창 사춘기일 때잖아요. 제가 오빠 친구 중 한 명을 좋아했는데 그 오빠가 두발자전거 타는 걸 도와줬어요. 뒤에서 밀어주고, 잡아주고…. 좋아하는 사람이 가르쳐 주니까 더 열심히 탔죠. 근데 운동장을 한 바퀴 삥 도는데 그 오빠가 시야에 보이는 거예요. 저는 제 자전거를 그 오빠가 잡아주고 있다고 믿고 페달을 밟은 건데! 두발자전거 타는 데 성공한 걸 보고 손뼉 치면서 좋아하던 얼굴이 아직도 생각나요(웃음).

승재: 저는 보조 바퀴가 달린 자전거가 있었어요. 앞에 '람보'라고 쓰여 있는 자전거였는데, 언젠가부터 보조 바퀴가 덜렁거리기 시작하더라고요. '이거 없이도 타겠는데?' 싶은

83

마음에 떼고 타기 시작했어요.

연희동 김작가: 옛날엔 다들 짐 자전거를 타고 다닌 거여서 타다가 다치는 일도 많았어요. 한번은 저도 자전거 때문에 놀란 적이 있는데요. 젊을 땐 자전거를 탈 일이 없었는데 병기 씨가 교직 생활할 때 재미 삼아 학교 운동장에서 자전거를 다시 타보게 됐어요. 오랜만에 타는 거니까 타고 쓰러지고 타고 쓰러지고를 반복했죠. 근데 집에 돌아오니까 양쪽 다리가 이상한 거예요. 온통 까만 멍이 들어 있었어요. 깜짝 놀라서 알아보니까 그 당시 제가 먹던 고혈압 약에 아스피린이 들어가 있어서 지혈이 잘 안 됐던 거예요. 혈관이 조금씩 터져서 완전히 까맣게 되었더라고요. 그래서 아스피린을 끊고 자전거를 타기 시작했어요.

놀라셨겠어요. 오랜만에 타는 건데도 균형이 잘 잡히던가요?

연희동 김작가: 몸이 기억하고 있더라고요. 자전거를 탈 땐 딱 하나만 기억하면 돼요. '밸런스'.

병기: 개인차는 있겠지만 저는 가장 중요한 게 운동신경이라고 생각해요. 나이 들어서 자전거를 배우려고 하면 어릴 때보다 감각이 둔해지니까 타기가 어렵거든요. 나이가 들면 몸이 뜻대로 컨트롤이 잘 안 되니까요. 자전거는 반복이에요. 균형을 잡을 수 있을 때까지 넓은 데서 누군가 잡아주고 밀어주는 수밖에 없죠. 시행착오를 얼마만큼 겪었느냐에 따라 성공 여부도 달라질 것 같아요.

바르셀로나에서 자전거로 여행했단 이야기도 들었어요.

연희동 김작가: 저희 부부는 여행을 좋아해요. 해외여행을 가면 자전거를 곧잘 빌리곤 했죠. 여행 가서 처음 자전거를 빌린 경험은 일본에서였는데요. 새벽에 산책을 하려는데 호텔에서 자전거를 빌려주더라고요. 그때 여행지에서 자전거 타는 게 엄청 즐겁다는 걸 알았어요. 바르셀로나의 자전거 여행은 계획한 건 아니었어요. 40일 동안 바르셀로나를 여행하기로 하고 자동차를 예약했는데, 병기 씨가 실물 면허증을 놓고 복사본만 가지고 간 거예요. 결국 자동차를 빌리지 못해서 계획이 좀 틀어졌는데, 마침 저희가 지내던 에어비앤비 맞은편에 자전거 대여점이 있었거든요. 거기서 자전거를 빌려서는 아침마다 바구니에 커피랑 빵을 싣고 구엘 공원에 갔어요. 커피잔까지 챙겨 가서는 매일 거기서 아침을 먹었죠. 바르셀로나는 자전거 길이 정말 잘돼 있어요. 차도, 인도, 자전거 길이 따로 있는 건 물론이고 자전거 신호등까지 따로 있거든요.

그런 문화라면 사고 위험도 확실히 적을 것 같아요.

연희동 김작가: 아유, 안 그래도 제가 한국에서 자전거를 타다가 크게 다친 적이 있어요. 지금 자전거 이전에 7년 동안 운동 겸 이동 수단으로 이용하던 빨간 자전거가 있었거든요. 그걸 타다가 보행 신호가 갑자기 바뀌어서 급정거하게 됐는데, 자전거에서 내리면서 다리가 걸린 거예요. 우당탕탕 하면서 넘어지고, 길에 있던 사람들이 다 놀랐어요. 지나가던

학생이 저보다 더 놀라서 달려와선 부축해 주었어요. 엄청 심하게 다쳤죠.

병기: 발부터 닿아야 했는데 무릎부터 닿아서….

연희동 김작가: 나이가 있으니까 다치는 순간 내 인생은 끝났구나 싶었어요. 그때 계획된 일들이 막 떠오르는 거예요. 친구도 온다고 했고, 교회도 가야 하고, 탁구랑 밸리댄스도 배우던 시기인데 올스톱해야 했죠. 다리가 퉁퉁 부은 채로 병원에 갔는데 엑스레이, 엠알아이 결과가 다 괜찮다는 거예요. 천만다행이었지만 석 달 동안 침만 맞았어요. 그 뒤로 빨간 자전거는 보관만 하고 쭉 못 타고 지냈는데, 올해 결혼기념일에 맞춰서 자전거 두 대가 배달되었어요.

누가 보낸 거였나요?

연희동 김작가: 한승재요(웃음). 언덕도 있고 위험하니까 전기 자전거를 보내줬더라고요.

어머님이 자전거를 타다 다치셨는데 아들로서 다시 자전거를 타시는 게 걱정되진 않았어요?

승재: 자전거는 나이가 훨씬 많은 분도 타시잖아요. 연희동 김작가는 그냥 운이 없었다고 생각해요. 두 분에겐 자전거가 곧 운동인데 계속 못 타고 계시니까… 한번 사봤어요.

전기 자전거 중에서도 어떤 점을 특히 눈여겨봤어요?

승재: 전기 자전거 종류가 생각만큼 많지 않아요. 자전거 전용 도로에서 탈 수 있는 게 있고 없는 게 있어서 일단은 자전거 전용 도로를 이용할 수 있는 걸로 골랐어요. 그리고 디자인이 예쁜 걸 선택했죠.

연희동 김작가: 받자마자 이름도 붙여줬어요. '샤넬'(웃음). 이름을 불러주면 진짜 우리 식구처럼 정이 가요. 자전거를 딱 보는 순간 '얘는 최고다!' 싶었어요. 남들이 명품을 가지고 싶어 하는 것처럼 저에게 로망인 자전거였죠.

어떤 점이 가장 마음에 들어요?

연희동 김작가: 예뻐요. 제 체형에도 잘 맞고요.

병기: 연희동 김작가 자전거는 바퀴가 좀 작고 곡선미가 있어요. 제 자전거는 완전한 직선이고요.

연희동 김작가: 처음엔 둘이 같은 걸로 할까 싶었는데 제 자전거가 좀더 여리여리해요. 승재가 사진을 여러 개 보내줬는데, 거기서 마음에 드는 걸로 각자 선택한 거죠.

사진까지 보내다니, 세심한 아들이군요!

승재: 아니에요. 처음에 제 취향대로 골라서 보냈는데, 연희동 김작가가 마음에 안 든다고 환불했거든요. 그래서 사진을 보내고 직접 골라 보시라고 한 거예요.

연희동 김작가: 아니, 얘가 두 개를 사 왔는데 병기 씨 건 마

음에 들고 내 건 영 아니더라고. 안장도 높고, 색도 별로고. 그래서 좀더 신경 써준 것 같아요(웃음).

새 자전거는 어때요?

병기: 전기 자전거여서 동력이 좋아요. 언덕을 오를 때도 힘들지 않고요. 중심 잡는 것도 페달을 덜 굴리니까 훨씬 편하고 안정적이에요. 일반 자전거를 탈 땐 연희동부터 양화대교까지 페달을 밟곤 했는데, 팔당대교 쪽으로 더 가보고 싶어도 돌아오는 게 부담스러워서 시도를 못 해봤거든요. 근데 전기 자전거는 전기로 동력을 얻으니까 경기도까지도 갈 수 있겠다 싶더라고요. 보통은 연희동에서 잠수교, 반포대교까지 다녀와요. 그 너머에도 가봤는데 이쪽에 비해 경치가 별로더라고요. 오늘 인터뷰 끝나면 또 가보려고요. 전기 자전거가 생긴 이후론 마냥 나가고만 싶어요.

연희동 김작가: 반포대교까지 자전거로 달리면서 새삼스럽게 한강이 이렇게 예뻤나 싶었어요. 걸어서는 못 가는 거리고 차 타고는 이 경치를 볼 수가 없는데, 자전거로 갈 수 있으니 얼마나 좋아요. 멀리, 더 멀리 가보고 싶은데 병기 씨 자전거에 비해 제 자전거는 배터리가 빨리 닳아요. 외관은 예쁜데 멀리까지 가기에는 좀 무리가 있어서 아쉽죠. 그래도 봄에는 전철에 자전거를 싣고 양평으로 가보려고요. 자전거를 접을 수 있어서 전철이나 차에 싣고 떠날 수 있다는 게 특히 좋아요. 바람이 있다면, 또찌가 살아 있을 때 제주도에 가

서 자전거로 해안도로 일주를 해보고 싶어요. 결혼 50주년
엔 전국을 라이딩해 보고 싶다는 생각도 있고요.

**부모님은 자전거와 미래로 가시는데 승재 씨는 자전거와 과
거에 남아 있네요(웃음). 어릴 때 어떤 운동을 좋아했어요?**
병기: 운동은 승재에게 따로 가르친 게 없어요. 오로지 공부,
공부만 하라고 했는데 커서는 혼자 이것저것 찾아서 열심히
하더라고요.
연희동 김작가: 한번은 가족여행을 가서 볼링이랑 탁구를 했
는데 한승재가 너무 못하는 거예요. 그때 제가 얼마나 후회했
는지 몰라요. '이렇게 키우는 게 아니었는데…' 그러면서요.

어릴 땐 운동에 관심이 없었어요?
승재: 저요? 아뇨. 저 운동만 했는데요? 학생 때도 연세대학
교 운동장에서 농구랑 축구를 얼마나 많이 했는데요. 커서는
주짓수랑 수영, 다이빙도 배우고…. 저는 한 번도 운동을 쉬
어본 적이 없어요.

주짓수도 배웠어요?
승재: 네. 재미있긴 진짜 재밌는데, 오래 살려고 하는 운동은
아닌 것 같아요. 신진대사 이상의 에너지를 짜내는 운동이거
든요. 여러 운동을 하면서 저한테 잘 맞는 운동을 알게 되기
도 했는데… 음, 저는 역시 물에서 하는 게 제일 좋아요. 한
때는 다이빙도 배웠는데요. 처음엔 5미터, 7미터 높이에서
뛰다가 나중엔 10미터까지 올라갔는데 너무 무섭더라고요.
그래서 그만뒀어요.

**10미터요? 담력훈련 아니에요(웃음)? 세 분은 체육 시간엔
어떤 학생이었어요?**
승재: 체육 시간 엄청 좋아했죠! 선생님이 공 하나 던져주고
알아서 놀라고 할 때가 제일 좋았어요. 축구나 농구 같은 걸
자유롭게 하는 시간이요. 근데 급수 잰다고 턱걸이를 하거나
시험을 위해 기술을 배우는 수업은 싫었어요. 체육 시간이 특
히 좋은 날은 점심시간 바로 앞이나 뒤에 붙어 있을 때였죠.
병기: 저도 혼자 하는 것보단 여럿이 하는 걸 좋아했어요. 축
구, 배구, 족구 같은 거. 근데 성인이 되니까 같이할 만한 사
람을 찾아내는 게 더 일이어서 할 수 있는 운동이 줄어든 것
같아요. 지금은 자전거, 등산, 산책 위주로 하고 있는데 그
외엔 할 수 있는 게 얼마 없더라고요.
연희동 김작가: 저는 정적인 과목도 잘했고 동적인 체육 시
간도 좋아했어요. 그래서 지금도 산책부터 자전거, 탁구, 밸
리댄스까지 10여 년 동안 할 수 있는 것 같고요.

밸리댄스를 배우는 건 어땠어요?
연희동 김작가: 제가 작년까지 학원을 운영하면서 반평생 애

들만 가르쳤거든요. 그러다 보니까 저를 꾸밀 시간이 통 없
더라고요. 근데 밸리댄스 소품들이 참 화려하잖아요. 그래
서 나를 한번 깨보자는 마음으로 '해볼까?' 싶었는데 배우니
까 너무 재밌고 유연성에도 좋더라고요. 코로나19가 터지면
서는 못 나가고 있는데, 그전까지는 일주일 내내 운동하면서
지냈어요. 밸리댄스, 헬스, 탁구, 등산, 산책…. 어딜 가든 자
전거를 타고 이동하는 건 당연했고요. 학원 일을 접으면서부
터 운동을 더 열심히 하게 된 것 같아요.

**두 분 연세에 생활 운동을 넘어 여러 운동을 한다는 게 존경
스러워요. 헬스도 그렇고요.**
연희동 김작가: 한동안 갱년기 때문에 이유 없이 온몸이 아
팠어요. 그때 운동으로 극복해 보면 어떨까 싶어서 병기 씨
랑 같이 헬스를 등록했어요. 처음엔 PT를 받았는데요. 5년
차인 지금은 요령이 생겨서 둘이 하고 있어요. 헬스는 남녀
노소 불문하고 추천하고 싶어요. 사실 돈을 지불하지 않으면
운동을 잘 안 하게 되잖아요. 산책도 운동이라고 생각은 하
지만, 그래도 산책은 산책일 뿐이에요. 신체보다도 정신적으
로 받는 영향이 더 크죠. 신체 건강을 위해서는 헬스처럼 전
문적인 운동을 하는 게 좋아요. 일정 금액을 지불한다는 데
서 강제성도 있고, 전문적으로 배울 수 있어서 좋더라고요.

운동은 신체를 단련하는 활동이지만 다치기도 쉽잖아요.
연희동 김작가: 병기 씨는 족구 하다가 다리가 나간 적도 있
어요.

병기: 십자인대가 잘못돼서 수술했는데, 지금 생각해 보면 족구 때문이라기보다는 바로 직전에 한 등산 영향이 큰 것 같아요. 족구 하기 며칠 전에 설악산 오색약수에 가려고 엄청나게 많은 계단을 올랐는데, 그때부터 다리가 아프기 시작했거든요. 상태가 나빠졌다는 것도 모르고 야유회에서 족구를 한 거죠. 방향 전환하느라고 몸을 틀었는데 십자인대가 '퍽!' 하고 나갔어요. 오른발에 깁스를 하고 몇 주 정도 보내야 했죠.

연희동 김작가: 하필 그때 제가 딸이랑 유럽에 배낭여행을 간 상태였어요. 집에 저도 없고… 얼마나 힘들었겠어요. 근데 제가 걱정할까 봐 다쳤다고 알리지를 않은 거예요. 여행에서 돌아왔는데 다리 전체에 깁스를 하곤 절룩거리면서 마중을 나왔는데… 어휴, 너무 놀랐죠.

그런 우여곡절을 겪고도 운동을 다시 하게 되는 매력은 무엇인가요?

승재: 저는 무언가랑 반응할 수 있는 운동이 좋아요. 수영은 물이랑 반응하는 운동이잖아요. 마찬가지로 주짓수는 다른 사람의 움직임에 반응하는 거거든요. 저는 그렇게 상호작용할 수 있는 운동이 좋더라고요. 혼자 하는 헬스나 변수가 없는 운동은 지루하게 느껴져요. 누군가랑, 무언가랑 반응하면서 갇혀 있지 않다는 느낌을 주는 게 매력인 것 같아요.

연희동 김작가: 일단은 운동하고 나면 기분이 좋아져요. 자전거를 타면서 경치를 보거나, 헬스하고 싹 씻고 나왔을 때, 등산하면서 맑은 공기를 쐬는 거…. 이 상쾌한 기분을 위해 계속 운동을 하게 되는 것 같아요. 사실 운동하는 순간이 마냥 즐겁지만은 않아요. 아픈 걸 참으면서 헬스를 하면 땀이 줄줄 흐르고 힘들거든요. 그렇지만 샤워하고 나올 때의 개운함을 아니까 자꾸 하게 돼요. 체력이 좋아지는 거야 당연하고요. 제가 한창 헬스 할 때 오십견이 온 적이 있는데요. 지금도 극복 중인데, 헬스를 하면서 점점 더 나아진다는 걸 느꼈어요. 운동을 안 하고 이것저것 해봤을 땐 차도가 없더니 운동을 하니까 확실히 안 되던 동작들이 되더라고요. 한 번도 안 되던 동작이 두 번이 되고, 열 번이 되고, 이젠 스무 번까지도 할 수 있게 됐어요.

병기: 나이를 먹으면 침대에서 일어날 때도 몸이 부드럽지 않고 뻣뻣해요. 어떤 때는 아프기도 하고요. 근데 자꾸 움직여주면 조금씩 나아져요. 젊은 사람들은 기록을 세우고 대회에 나가는 재미로 운동을 하기도 하지만, 우리 나이 때는 스트레칭의 개념으로 몸을 '쓴다'는 데 초점을 맞춰야 해요. 움직여줘야 생활이 불편하지 않으니까요. 우리에겐 몸을 더 잘 쓰기 위해 하는 게 운동이에요.

더 나은 미래를 위한 일이라고도 볼 수 있겠네요. 세 분에게 운동이란 무엇인가요?

연희동 김작가: 건강의 지름길이죠. 병원에 가도 가장 먼저 물어보는 게 '일주일에 운동을 얼마나 하는가'잖아요. 전에는 '내가 운동을 하는 건가? 이것도 한다고 해도 되나?' 싶었는데, 지금은 확실히 한다고 이야기할 수 있어요. 일주일에 5-6일은 하거든요. 그렇다고 운동을 강제적으로 하는 건 아니에요. 자전거를 타더라도 목표를 두고 페달을 밟는 게 아니라 병기 씨가 더 멀리 다녀올 동안 저는 잠시 벤치에서 쉬면서 책을 읽기도 하고, 커피를 마시기도 하거든요. 즐기는 운동은 힘듦이 아니라 여유인 것 같아요.

승재: 운동은 따로 하지 않아도 되는데 따로 하게 된 일 같아요. 우리가 사냥을 하고 살았다면 굳이 찾아서 안 해도 되는 일이잖아요. 인간의 본성에서부터 얼마나 멀리 왔는지 알게 돼요. 인위적으로 너무 많이 발전해 버린 거죠. 멀리 왔다는 느낌과 잃어버렸다는 느낌이 동시에 들어요.

병기: 100명에게 물어보면 100명 다 운동은 건강을 위해 하는 거라고 할 거예요. 건강이 왜 필요한지에 대해서는 굳이 설명하지 않아도 모두 알고 있겠지만, 그에 보태 한 가지 더 이야기해 보자면… 아이들이 부모에게 잘하는 걸 효도라고 하잖아요. 건강은 부모가 자식을 위해 다해야 하는 도리 같아요. 운동을 그걸 도와주는 활동이고요. 자, 그럼 자전거 타러 나가 볼까요?

승재 씨가 인터뷰 전날 메시지를 보내왔다. "너무 사이좋은 가족처럼 보이지 않으면 좋겠어요." 그가 원한 건 연출된 화목을 지우는 것이었다. 진정 사이가 좋은 가족이기에 당부할 수 있는 일이라고 생각했다. 집 안 구석구석엔 오래된 다정이 묻어 있었고, "한승재"라고 성까지 붙여 부르는 연희동 김작가 목소리엔 애정이 담뿍했다. 연희동 김작가가 열 마디를 할 때 한두 마디 무심하게 던지는 병기 씨는 아들이 선물한 자전거와 운동 친구 배우자에게 연신 다감한 눈빛을 보냈다. 무심하지만 뿌리 깊은 애정이 아롱아롱 피어오르는 푸근한 집. 그들은 집에서 나와 나란히 자전거에 올랐다. 나만의 스텝으로 페달을 밟는 식구들의 뒷모습이 한없이 사랑스럽다.

The Light Found In A Dim Mind

어둑한 마음속에서

어째서 명상을 해야겠다는 마음이 든 걸까. 어느새 발걸음은 서울 한 복판에 자리한 한옥, '마음 명상'으로 향했다. 말 그대로 마음과 명상을 위한 공간. 이곳을 지키는 명상가 김현경 선생은 차를 내리 며 조용히 명상과 자신에 관한 이야기를 풀어냈다. 단단한 이야기, 잠잠한 공기, 적당한 온도, 잠시 마음을 열었던 시간까지. 대화를 나누고 명상을 하는 동안 나는 매 순간을 알아차리려 노력했다.

에디터 **김지수**　포토그래퍼 **이요셉**

내가 나에게
다정하도록

차 내리는 모습을 보고 있으니 마음이 편해져요. 시작하기 전에 조금 지켜봐도 될까요?

그럼요. 천천히 보세요. 명상의 종류 중에 차 명상도 있어요. 차를 내리는 모든 과정을 통해서 오감을 열어 깨어나게 하는 과정이죠. 차를 담는 이 그릇을 '보듬이'라고 하는데 보듬듯이 소중하게 잡아 주시면 좋아요. 꼭 자신을 안아 주듯 잡고 내가 나를 대접한다는 마음으로 마시는 거에요.

이렇게 잡는 게 맞을까요?

네, 맞아요. 편하게 잡아요. 지금 모습이 너무 보기 좋아요(웃음). 2003년도 보이차인데 꽤 오래되었죠?

따뜻하고 향이 좋아요(웃음). 이제 시작해 볼까요? 첫 질문으로 소개를 부탁드렸어요.

저는 명상 안내자, 명상가에요. '마인드풀 리빙 현mindful living 賢'이라는 1인 기업을 운영하고 있고요. 그 안에서 힐링을 주제로 한 다양한 콘텐츠를 녹이고 있죠. 요가와 명상, 채식, 글쓰기 등 몸과 마음을 치유할 수 있는 시간을 기획해 운영하고 있어요. 그 일환으로 '비유티풀Be you-tiful'이라는 도심 속 힐링 원데이 리트릿을 진행해요.

마인드풀 리빙 현은 어떻게 시작하게 됐나요?

많은 사람들이 내면을 잘 다스리기 위한 근본적인 치유가 필요하다고 생각했어요. 그런 갈증을 해소할 수 있도록 돕는 일을 하고 싶었죠. 어떤 이름이 좋을까 고민하다가 제 이름 한자를 자세히 보게 됐어요. 늘 알고 있는 한자지만 속뜻을 살핀 것은 처음이었는데 '어려운 이를 돕는다'는 의미가 있더라고요. 확인하자마자 너무나 큰 울림이 느껴졌어요. 제가 진짜 하고 싶은 일을 찾은 것 같았죠.

비유티풀 프로젝트가 궁금해요. 구체적으로 어떤 내용으로 채우고 있나요?

다양한 문화 방면에서 활동하고 계시는 선생님들을 모시고 참여자분들과 함께 힐링 콘텐츠 안에서 하루를 보내는 거에요. 멀리 떠나지 않고 가까운 도심에서 진행하고 있어요. 명상과 요가 수업, 비건 푸드 식사, 카페에서 각자 인생 이야기를 털어놓는 솔직한 시간을 보내요. 모든 과정이 끝나면 자기

자신에게 편지를 쓰면서 마무리해요. 저는 그 편지를 모아서 몇 달 뒤에 보내 드리죠. 제가 좋아하는 선생님들의 콘텐츠와 의미 있는 공간을 소개하면 어떨까 하는 바람으로 시작했어요. 참여자분들과 자연스레 삶의 이야기를 나누며 듣는 것이 즐겁고 의미가 있죠. 처음엔 가볍게 시작했다면 지금은 소명의식을 가지고 진행하고 있어요.

편지를 몇 달 뒤에 보내는 이유가 있나요?

순간의 경험이 고스란히 담겨 있는 편지잖아요. 그때의 기운과 모든 풍경을 담아낸, 그것도 내가 나에게 쓴 편지죠. 잊고 있던 편지를 받았을 때 그 신비한 기분을 선물해 드리고 싶었어요. 예전에 아버지가 저에게 1년 전에 쓰신 편지를 받은 적이 있는데요. 그 순간이 잊히지가 않아요. 저를 향한 염원과 사랑, 소중한 마음이 담긴 글을 읽으면서 정말 많이 울었어요. 얼마간의 시간이 지나 자신에게 쓴 과거의 편지를 발견한다면, 그 마음은 말로 표현 못 할 정도로 벅찰 거에요. 그 뜻깊은 시간을 꼭 전해드리고 싶었어요.

좋은 취지네요. 저도 그런 편지를 받아보고 싶어요. 함께 진행하고 있는 '침묵 시리즈'도 궁금해요.

크리스탈 싱잉볼을 배우고 얼마 후에 도예가 신경희 작가님을 만나 이야기를 나누게 됐어요. 당시에 보듬이를 주제로 '안다'라는 타이틀의 전시를 하고 계셨는데, 감사하게도 전시 마지막 날에 싱잉볼 연주를 할 수 있는 기회를 주셨어요. 저는 '안다'의 의미를 살려서 '침묵을 안다'라는 이름으로 이벤트 수업을 진행했죠. 우리 안에는 수많은 시끄러움과 불편함이 있잖아요. 생각도 너무 많고요. 조용히 침묵하며 스스로 내 안을 깊게 들어보는 시간이 필요하다고 생각했어요. 가만히 주의를 기울이며 명상을 하다 크리스탈 싱잉볼이 내뿜는 울림을 그대로 느껴보는 거에요. 세상에 가장 아름다운 소리는 침묵이라고 하죠. 그 침묵 안에서 내면을 마주하는 연습을 할 수 있도록 안내하고 있어요.

싱잉볼 소리가 궁금하네요.

(옆에 있는 작은 싱잉볼을 건네며) 한번 들고 연주해보세요. 손 위에 볼을 가만히 올리고 막대를 연필 잡듯이 잡아요. 그리고 툭 치면….

울림이 굉장해요. 손안에 선명히 느껴지네요.

울림을 그대로 느끼는 것도 좋은 명상법이에요. 치유 효과도 있고요. 싱잉볼은 말 그대로 노래하는 볼이에요. 차크라, 즉 우리 몸에 중요한 스팟에 맞는 싱잉볼을 선택할 수 있어요. 지금 들고 있는 싱잉볼은 '목' 차크라예요. 싱잉볼 중에서도 소리를 듣다 보면 본인에게 딱 스며오는 소리가 있어요. 그게 지금 몸에 필요한 울림일 거예요. 부족해서 끌리는 걸 수도 있고요.

"새것보다는 오래된 것, 화려한 것보다는 단순한 것, 자극적인 것보다는 은은한 것을 좋아합니다. 좋은 사람들과 함께 호흡하고, 몸을 움직이고, 자연을 온전히 느끼며, 건강한 음식을 나누고, 진솔한 마음을 이야기합니다. 그 안에는 내가 있습니다."

브랜드 소개 문구가 인상적이었어요. 어떤 의미로 적게 된 문장인가요?

상반된 뜻의 단어가 반복되죠. 실은 좋다고 표현한 반대의 것들이 과거 제 삶과 가까웠어요. 패션 쪽에서 오래 일하면서 아주 바쁘게 살았거든요. 화려하고 자극적인 것을 좋아했고 성격도 급했고요. 나는 직설적인 사람이라고 말하면서 상대방에게 상처 주는 이야기도 스스럼없이 했어요. 저 자신과 주변을 살피지 못하는 삶을 살아왔죠. 그러다 암 진단을 받게 된 계기로 인생에 전환점을 맞이했어요. 너무나 큰 충격에 하루하루가 힘들고 수치심까지 느끼던 시기였죠. 치료를 시작하고 수술 후 회복하면서 명상과 요가를 시작하게 됐어요. 그때부터 차근히 제 삶을 바꿔온 것 같아요.

지금은 괜찮으신가요?

그럼요(웃음). 회복하면서 깨달은 것이, 과거엔 내가 나를 돌보는 순간이 전혀 없었다는 사실이에요. 바쁘다는 핑계를 대면서 제가 언제나 건강할 줄만 알았어요. 근본적으로 저 자신을 보살피려는 시도가 전혀 없었기 때문에 몸이 버티고 버티다 저에게 신호를 보내온 거죠. 지난 시간을 돌아보면 늘 현재를 살지 못한 것 같아요. 항상 트렌드 위주로 움직여야 하는 일을 하면서 습관처럼 미래를 예측하려 애쓰고 과거를 반추하는 삶을 살았어요. 그러다 명상을 시작하면서 저 자신과 접촉하는 시점을, 현재를 마주하게 됐죠. 내가 나에게 참 미안한 순간이었어요. 저한테 연민과 사랑을 느끼는 계기가 되었고요.

어쩌면 명상이 삶을 바꾼 열쇠였네요. 명상은 어떤 걸까요? 자세한 정의가 궁금해요.

많은 사람들이 명상을 가부좌 자세로 각을 잡고 앉아서 하는 거라고 상상하시는데요(웃음). 저에게 수업을 듣는 초심자분

들이 공통적으로 깨닫는 것은, 본인이 살아오면서 하던 행위의 일부가 명상이었다는 사실이에요. 우리는 일상을 보내면서 유체이탈을 자주 경험하잖아요. 그 순간에 집중하지 못해서 몸은 여기에 있지만 마음은 다른 곳에 있는 거죠. 마음은 시공간을 초월하니까요. 기억을 붙잡고 감정에 매몰되기보다는 지금 이 순간, 내가 여기에 있다고 느끼는 것이 명상이에요. 그 시간과 공간에 온전히 내가 존재할 때 명상을 한다고 말할 수 있어요. 중요한 건 '알아차림'이에요. 무언가에 집중하고 있음을 아는 것. 그렇게 그냥 일상과 명상을 구분 지을 수 있어요. 예를 들어 차를 마실 때 찻잔의 모양, 잔을 잡은 손의 온도, 닿는 감각, 마실 때 피부에 닿는 열기 등 매순간 집중하며 알아차림을 반복하는 거죠.

제가 상상한 것과는 아주 다르네요. 명상은 정자세로 앉아 무조건 생각을 없애는 과정이라고 생각했어요.

물론 집중하려면 정자세가 필요해요(웃음). 수행의 일부인 거죠. 매 순간 할 수 있는 것이 명상이라는 것을 많은 분들이 모르시는 것 같아요. 일상에서 쉽게 할 수 있는 명상을 '비공식 명상'이라고 부르기도 해요.

저는 식물에 물 줄 때 가장 집중하는데, 그것도 일종의 비공식 명상인가요?

맞아요. 식물에 물을 주는 행위 또한 좋은 명상 중 하나에요. 흙냄새, 물이 스며드는 소리, 그 모든 감각을 알고 느끼면 되는 거예요. 무럭무럭 자라라고 식물에 따뜻한 말 한마디를 하는 순간, '자비 명상'을 하는 거죠.

저도 모르게 자비 명상을 하고 있었네요. 명상에는 어떤 종류가 있는지 궁금해요.

가장 기본적으로 숨 쉬는 행위에 집중하는 '호흡 명상', 여러 감각을 깨워보는 '오감 명상', 걸으면서 주위에 집중하는 '걷기 명상'이 있어요. 우리가 처음에 한 '차 명상', 자신과 주변을 보듬는 '자비 명상', 음식을 통해 하는 '먹기 명상'도 있고요. 자비 명상은 관계에 관한 고민이 많은 분들이 하면 좋은 명상법이에요. 내가 나를 따뜻하게 바라보는 시선을 가지고 좋아하는 사람, 미운 사람을 떠올려 보는 거예요. 전혀 모르는 다수의 사람들을 위해 기도도 해보고요. 그렇게 계속 떠올려 보면 어느 순간 미움이 사라지는 때가 온다고 하죠. 일상에서 가장 쉽게 할 수 있는 명상은 걷기 명상과 앞서 설명한 비공식 명상이에요. 사람이 많은 버스를 타고 이동하다가도 내가 나에게 집중해 보는 거예요. 손잡이를 잡고 몸에 닿는 모든 감각을 인지하면서 주변 사람들이 아무리 바쁘게 움직여도 나는 나의 감각을 놓치지 않는 순간들이 중요해요.

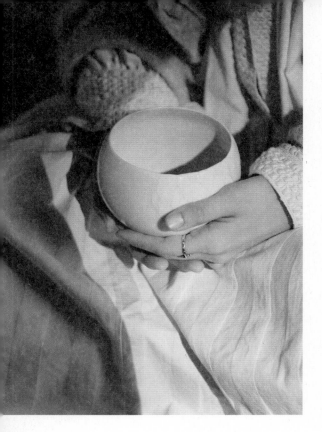

와서 아픈 날이 오더라도 괜찮을 거라는 생각이 들더라고요. 만약을 대비해서 항상 모셔 놨던 가발이 있었는데요(웃음). 그 가발을 다른 환우분께 나누면서 비로소 벗어났다고 느꼈어요. 마음에 단단함이 더해진 것 같았어요.

명상을 제대로 해보고 싶어져요. 명상에 오롯이 집중하기 위해서 필요한 것은 뭘까요?
단순히 나를 돌보고자 하는 마음, 그 마음이 중요해요. 애쓰시는 분들이 너무 많아요. 명상할 때 잠이 들 수 있거든요. 그런데 잠이 드는 자신의 모습을 못 견뎌서 자책하는 분들도 계세요. 호흡도 아주 의식적으로 열심히 하시는 분들이 있어요. 너무 보채지 않고 내가 나를 돌보자는 마음으로 채찍질하지 않는 마음이 필요해요. 명상할 때만큼은 '열심히'는 금물이죠(웃음). 나한테 다정하고 친절한 태도를 먼저 생각해 보세요. 외적인 요소로 도움을 받는 것도 좋아요. 주변 환경을 잘 형성해 보는 거에요. 나에게 좋은 향을 찾아보기도 하고, 싱잉볼도 연주해 보면서요.

어려운 것 같아요. 내가 나한테 다정한 마음이라는 것이요.
우리가 너무 힘을 주고 살아서 그래요. 남들이 괜찮다고 해도 자기 자신을 몰아가면서 비교하고 판단하고 질투하고…. 저도 그랬어요. 하지만 그런 감정이 스스로를 피폐하게 만들고 결국 자신을 갉아먹는 일이라는 것을 알면 돼요. 그게 곧 자신을 아끼는 마음을 가지는 첫 걸음이죠.

어렵지만 꼭 갖고 싶은 마음이네요. 명상 수업을 이어가면서 많은 사람들의 이야기를 들어왔을 것 같아요. 그 과정에서 든 생각이 있나요?
간혹 예약하지 않고 우연히 들러서 명상하고 가시는 분들이 있어요. 따로 묻지 않았는데도 솔직하게 본인의 힘든 부분을 이야기해 주시는 분들을 보면 무척 감사해요. 처음 보는 저에게 어떻게 이런 소중한 이야기를 해주시는 걸까, 어떻게 보면 모든 만남이 다 이유가 있을지도 모르겠다는 생각도 들죠. 모두가 다르지 않은 삶을 살고 있다는 것을 새삼 깨닫기도 해요. 너와 내가 참 닮았다는 것을 느끼는 순간들은 언제나 반갑죠.

우연한 인연이라는 게 참 신기해요.
때로는 인지하지 못한 채로 따라가는 것이 우리를 지혜롭게 만들어주기도 해요. 명상이라는 콘텐츠에 끌려서 오늘 여기 오신 기자님도 이유가 있지 않을까, 생각해요. 어떤 이야기를 가지고 계실지 궁금하네요(웃음).

저도 궁금해요(웃음). 그럼 명상하러 이동해 볼까요?
좋아요.

명상은 일상을 좀더 깊게 보는 거라고 생각하면 좋을까요?
그렇게 생각할 수 있죠. 더 정확한 표현은 현재를 사는 것, 나를 아는 과정이에요. 그 시작은 '알아차림'이고요. 우리에겐 너무나 당연하게 흘러가는 삶의 모드가 많아요. 매일 하는 행동이니 인지하지도 못한 채 흘러가 버리는 거죠. 명상을 하면 매일 오가는 길도 달리 보이게 돼요. 그게 곧 현존이고요. 많은 사람들이 현재에 머물지 못해서 힘들잖아요. 지나간 일을 되새기며 자책하고 후회하면서 오지 않는 미래에 대해서 고민하고요. 저는 한참 전이와 2차 재발에 관한 불안감이 엄청났어요. 그 때문에 극도로 예민해지던 시기도 있었고요.

그 시기를 어떻게 지나왔나요? 아주 길고 긴 시간이었을 것 같아요.
명상을 하면 자연스럽게 자신에 관해 더 깊이 알게 돼요. 나를 아는 것은 스스로 선택할 수 있는 순간을 늘려가는 일과 같아요. 선택해야 하기 때문에 괴로운 것이 아니라 선택을 명확하게 할 수 있는 힘을 얻게 됐어요.

미래에 대한 불안감에서 벗어난 거네요.
아이러니하게도 그 불안감 자체와 마주했을 때 비로소 해방됐어요. 해결점을 찾았기 보다는 스스로가 이런 것 때문에 불안했다는 것, 결국 내가 힘들어 하고 있는 감정을 직접 마주한 순간이었죠. 이 모든 게 한시에 벌어진 일이 아니에요. 거듭 반복되었을 때 일어났어요. 어느 날 혹여 다시 병이 찾아

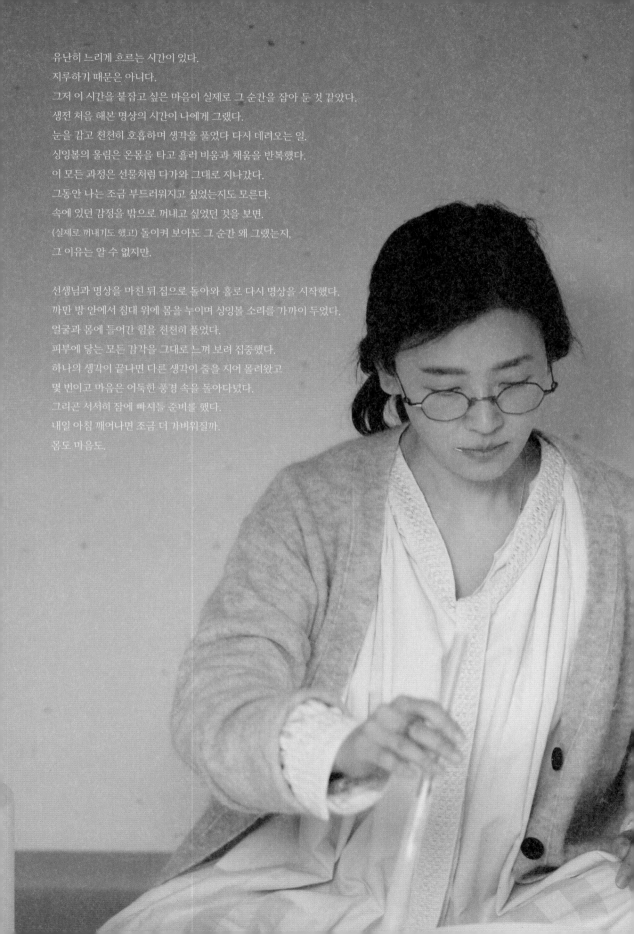

유난히 느리게 흐르는 시간이 있다.

지루하기 때문은 아니다.

그저 이 시간을 붙잡고 싶은 마음이 실제로 그 순간을 잡아 둔 것 같았다.

생전 처음 해본 명상의 시간이 나에게 그랬다.

눈을 감고 천천히 호흡하며 생각을 풀었다 다시 데려오는 일.

싱잉볼의 울림은 온몸을 타고 흘러 비움과 채움을 반복했다.

이 모든 과정은 선물처럼 다가와 그대로 지나갔다.

그동안 나는 조금 부드러워지고 싶었는지도 모른다.

속에 있던 감정을 밖으로 꺼내고 싶었던 것을 보면.

(실제로 꺼내기도 했고) 돌이켜 보아도 그 순간 왜 그랬는지,

그 이유는 알 수 없지만.

선생님과 명상을 마친 뒤 집으로 돌아와 홀로 다시 명상을 시작했다.

까만 방 안에서 침대 위에 몸을 누이며 싱잉볼 소리를 가까이 두었다.

얼굴과 몸에 들어간 힘을 천천히 풀었다.

피부에 닿는 모든 감각을 그대로 느껴 보려 집중했다.

하나의 생각이 끝나면 다른 생각이 줄을 지어 몰려왔고

몇 번이고 마음은 어둑한 풍경 속을 돌아다녔다.

그리곤 서서히 잠에 빠져들 준비를 했다.

내일 아침 깨어나면 조금 더 가벼워질까.

몸도 마음도.

The Story Going Tomorrow

한 발짝 두 발짝

만화 〈개구리 왕눈이〉 주제가에 이런 가사가 있다. "일곱 번 넘어져도 일어나라." 넘어짐도 기꺼운 사람들의 이야기를 듣는다. 한 발짝 두 발짝 나아가는 이야기, 아무래도 멋진 이야기.

글 이지선, 조민경, 전소연, 김혜경 일러스트 유수지 에디터 이주연

가장 필사적으로 숫자를 셀 때

클라이밍 | 북디자이너 이지선

클라이밍의 기초

1. 인공 암벽을 만드는 손잡이들을 홀드라고 부른다.
2. 양손을 좌우로 벌려 홀드를 잡고 두 발은 모아 딛는다. '삼지점'이라 부르는 역삼각형의 꼭짓점을 잡은 모습이다. 팔은 늘어뜨리고 다리는 90도 정도로 굽히되 무릎은 몸 밖으로 향하게 해 몸을 벽에 붙인 개구리처럼 만든다. 움직일 때도 정삼각형·역삼각형 삼지점을 유지하며 이동해야 균형을 유지하기 쉽다.

나의 기초를 만들었던 코치는 알록달록한 등산복을 입고 검게 탄 얼굴로 '클라이밍은 바위에서 하는 발레'라고 말했다. 나는 그때 뭐 하고 있었더라…. 벽에 붙어 10분간 내려오지 않기 훈련을 하며 "제가 이걸 왜 해야 할까요?"라고 소리치고 있었다. 왜 이렇게 되었냐면, 친구가 배워두면 60살까지는 이거 하면서 놀 수 있을 것 같다며 시켰다.

완벽한 저질 체력으로 시작한 기초반에서는 체력 강화 운동과 클라이밍을 함께 가르쳤다. 25분짜리 워밍업 코스를 돌고 나면 귀에선 이명이 울렸다. 한 시간 수업을 끝낸 뒤에 복습하고 가라는 코치의 말을 뒤로하고 비틀비틀 집에 와 곯아떨어지면 한두 시간은 그냥 지나갔다. 60살까지 할 운동 익히려다 60살을 맞지 못할지도 모르겠다는 말이 절로 나왔다. 그렇게 주 2일, 반년 뒤엔 주 3일씩, 1년 반 뒤에는 주 5일씩 운동하다 보니 등짝에 근육으로 눈, 코, 입이 생겼다. 지금은 주 3회쯤 쉬운 것만 하면서 다니고 있다.

겨우 반 층쯤을 터서 만든 실내 암장이라도 4미터 꼭대기에 서면 세상의 벼랑에 오른 것 같다(고소공포증 있다). 이런저런 맨몸 운동으로 몸을 데운 뒤, 몸풀기용으로 마련된 0에서 10까지 숫자 모양 홀드를 잡는다. 0, 1, 2, 3을 따라가며 데운 몸을 늘려준다. 그리고 나선 점점 어려운 코스로 가며 다시 1부터 20을 세고 40, 60을 센다. 뒤에서 보면 빤히 보이는 숫자 테이프들이 벽에 붙어서 찾으려면 그렇게 안 보일 수가 없다. '16… 17… 17? 17! 18… 19, 20, 21! 아니 21을 여기 붙여두면 어쩌란 거야?' 이런 정도가 내가 암장에서 생각하는 전부. 수많은 원고를 머리에 넣고 이걸 어떻게 읽어야 할지 고민하느라 좋지도 않은 머리를 굴리는 시간을 멈추는 법을 나는 클라이밍에서 발견했다. 20이 너무 미끄럽다든가 36이 너무 무서운 곳에 있다든가 속으로 소란을 떨면서 겉으로는 차분한 척, 목숨을 건 나무늘보처럼 신중하게 움직이지만 비명은 자꾸 터져 나온다. 죽는다며 소스라쳐도 실상은 지면에서 발이 50센티도 안 떨어져 있을 때가 많다.

권할 만하냐고 묻는다면 언제나 그렇다. 사람 말고 벽 보고 할 수 있고 맘먹으면 우르르 모여서도 할 수 있고, 진짜 암벽인이 되겠다며 산으로 나서는 것도 가능하다. 화나는 날엔 암장에서 오만상을 쓰고 오르다 웃기는 포즈로 떨어지다 보면 집에 갈 즈음엔 적당히 화가 덜 나기까지 한다(풀린다곤 안 했다). 암벽의 발레리나까진 못 해 먹겠지만 플라스틱을 세는 명상이라면 계속해 볼 만한 것 같기도…?

주로 책을 만드는 디자이너. 남의 이야기에 맘을 자꾸 쏟다가 마음이 약해졌다. 사실은 원래 그랬다.

운동에 대하여 말해보자

롱보드 | 뮤지션 조민경

어린 시절, 내가 놀이기구에 느낀 공포는 안전장치에 대한 불신에서 왔다. 거꾸로 매달린 순간 내가 안전 바 아래로 흘러내릴 것 같았다. 조임쇠가 덜 잠긴 것 같았고, 안전 조끼가 벗겨질 것 같았고, 놀이기구가 크게 스윙할 때 내가 튕겨 나갈 것 같았다. 반면에 자전거, 롤러블레이드, 아이스 스케이트, 스키 따위는 무서웠던 적이 없다. 무릎 보호대도 안 차고 수도 없이 넘어지고 깨지고 다쳤고, 일어나서 계속 탔다. 전문가들의 기술보다 내 신체의 가능성을 더 신뢰하던 시절이 있었나 보다. 지금은 조금 다르다. 놀이기구는 불안하지 않고, 자전거 앞에서 머뭇댄다. 이제 나도 어른이고, 넘어지는 일은 피하고 싶으니까.

넘어지는 것이 창피한 적은 없었다. 하지만 무섭다. 자라면서 더 무서워진 것 같다. 이것은 본능에 가까운 감각이다. 내가 넘어져 봤자 며칠 쓰라리거나 얼얼한 정도일 텐데, 고작 그 정도 아픔이 무서워 넘어지고 싶어 하지 않는 감각이 의아했다. 롱보드에는 그래서 이끌린 것 같다. 지난가을 호숫가 광장에서 보드 타는 사람들을 바라보며 나는 다소 황홀했다. 인간의 두 다리만으로는 갈 수 없는 속도로 길을 유영하는 보드, 그리고 그 위에서 미끄러지듯 움직이는 라이더의 댄싱. 보드는 사람의 몸짓이 동력인 놀이기구였다. 그 위태로움과 유려함 사이의 균형, 바람을 타는 그 속도의 위험에 나는 매료되었다.

그렇게 롱보드를 시작했다. 처음 며칠간은 안 쓰던 근육들이 팽팽하게 당겨졌다 풀리길 반복하며 온몸이 얼얼했지만 기우뚱거리면서도 용케 엉덩방아는 피했다. 그것이 오히려 중력에 대한 공포를 가중시켰다. 안 넘어지니까 넘어지는 게 더 두려웠다. 그보다 더 두려웠던 것은 내가 넘어지는 것을 두려워한 나머지 이 이상 나아가지 못하고 있는 것은 아닐까 하는 의구심이었다. 그리고 얼마 뒤, 어둠 속에서 쌩쌩 달리다가 보드가 돌부리에 걸려 튀어 올랐고 나는 허공에 붕 떠올랐다가 바닥에 내동댕이쳐졌다. 아팠다. 하지만 괜찮았다. 나는 다시 일어나 보드에 올라섰고, 조금 천천히 집으로 돌아왔다.

나는 평생 운동이 하고 싶었던 적이 없다. 늘 운동보다 재미있는 일이 있었고 정신력이 체력을 압도했다. 하지만 건강하고 너그러운 삶을 위해 운동은 필수 불가결하다. 이 사실을 받아들여야 하는 시점이 온 것 같다고 비교적 최근 생각했다. 그렇다면 나는 목적만이 전부는 아닌 운동을 하고 싶었다. 운동하는 사람마다 즐거움을 느끼는 지점은 제각각일 것이다. 나에겐 위험 같다. 위험이 두렵지 않아서가 아니라, 두려워서. 실패를 마주 봐야 하니까. 넘어지지 않기 위해 안간힘을 쓰는 나의 본능을 거슬러, 나는 넘어지고 싶다. 안 넘어질 수 있을 때까지 넘어지고 또 넘어지고 싶다. 그 마음을 지켜내는 것이 내게는 운동이다. 내 몸과 함께 마음에도 잔 근육을 기르고 싶다.

밴드 UHF, 극초단파를 거쳐 스위머스와 열섬의 음악가로, MBC 라디오 PD로, 더없이 다정한 한 사람과 한 고양이의 반려인으로, 딸이자 언니이자 친구로, 여성으로 살고 있다.

파도가 칠 때는 서핑을

서핑 | 특수교사 전소연

내가 서핑을 시작하게 된 건 단순한 호기심에서였다. '과연 나도 할 수 있을까?' 30대 후반에 수영을 시작하며 물에서 하는 운동에 자신감이 붙었지만 중년의 나이에 서핑을 배운다는 것은 그야말로 용기가 필요한 일이었다. 어느 날 문득 용기를 내어 2박 3일 동안 서핑을 배우기로 하고 양양으로 향했다. "엄마 파도타기 좀 배우고 올게." 세 살배기 아들과 열 살짜리 아들은 남편에게 맡겨 두었다. 육아를 하고 있는 워킹맘이 서핑을 하려면 용기뿐만 아니라 다른 노력도 따라야 했다. 그만큼 어렵게 만든 기회이기에 서핑하는 동안에는 다른 생각은 하지 않았다. 파도와 나. 그것뿐이었다. 그게 좋았다.

처음은 테이크 오프Take Off가 목표였다. 보드 위에 서는 것을 말한다. 처음 강습을 받을 땐 강사님이 언제 일어서야 하는지 외쳐 주신다. 심지어 보드도 밀어 주신다. 테이크 오프를 몇 번 성공하고 나면 그 짜릿함에 더 잘해보고 싶어져 다음 기회를 결심하게 된다. 사흘 연속 서핑을 해서 너덜너덜해진 몸 상태로 집에 오지만 입가에는 웃음기가 번져 있다. 기분 좋은 근육통이 밀려온다. 다음은 파도를 혼자서 잡아보는 것이 목표였다. 좋은 파도를 만나야 하기에 좋은 파도를 찾아가기로 마음먹었다. 이왕이면 여행도 하면서 말이다. 짧게라도 혼자만의 시간이 주어지면 서핑 스팟을 찾아다녔다. 오키나와로 다낭으로 송정으로 양양으로 만리포로 서핑 여행이었다. 발리는 긴 휴가를 받으면 그때 가려고 아껴 두었다. 파도를 잡은 날보다 파도를 놓친 날이 더 많았다. 좋은 파도보다 밋밋하거나 거친 파도를 만나기 일쑤였다. 파도를 타는 실력은 그다지 늘지 않았지만 차트에 1미터짜리 파도가 들어와도 보드를 들고 바다로 들어갈 수 있는 자신감은 생겼다. 1년에 두어 번 서핑을 해서는 도무지 실력이 늘지 않았다. 매번 리셋되는 기분이고 만년 비기너에 머물고 있는 것 같았다. 그래서 생각한 것이 육지에서 몸만들기였다. 스쿼트, 플랭크, 버핏 등 코어 근육을 강화하면 서핑에 도움이 된다는 말을 듣고 한동안 홈트레이닝을 해보았다. 성과가 없진 않았지만 한 계절을 버티지 못했다. 짬짬이 서핑 영상을 보며 이미지 트레이닝을 해보았다. 아니 지금도 하고 있다. 그러나 내가 만든 이미지와 현실의 나 사이의 간극이 너무나 커서 현실과 이상의 괴리감만 느끼게 해줄 뿐이었다.

'서핑의 매력이 뭘까?' 곰곰이 생각해 보았다. 우선 내 안에 깊이 내재해 있는 도전 의식을 발동하게 한다. 마치 나쁜 남자 같다. 파도를 타기 위해 보드를 들고 바닷물에 발을 담그는 순간부터 파도를 타고 해변으로 떠밀려오는 순간까지, 테이크 오프를 성공하든 그렇지 않든 정신을 바짝 차리게 만드는 매력이 있다. 생각보다 센 파도에 귀싸대기라도 한 대 맞으면 그야말로 번쩍!

서핑은 인생이랑 닮아 있는 운동이다. 나만 균형 감각이 좋다고 되는 운동이 아니고 때를 기다릴 줄도 알아야 하고, 파도를 헤치고 앞으로 나아가기도 해야 하고, 내 한계를 인정할 줄도 알아야 하고, 다른 사람을 살필 줄도 알아야 하고, 기회가 오면 잡을 줄도 알아야 한다. 무엇보다 이런 생각들을 하는 곳이 출렁이는 바다 위라는 점이 매력적이다. 서핑을 제대로 배운다면 인생도 제대로 살아갈 수 있을 것만 같다. 그래서 나는 '파도가 칠 때는 서핑을'이라고 외치며 할머니가 될 때까지 서퍼로 살아갈 계획이다. 만년 비기너라 할지라도.

아이들과 눈을 맞추기 위해 이름을 수십 번 부르는 특수교사라는 직업을 갖고 있다. 여행과 사진을 좋아해 방학이면 여행을 하며 사진을 찍는다. 그 덕분에 책도 몇 권 냈다. 요즘은 구독자를 늘릴 궁리를 하며 〈특뽀입니다〉 유튜버로 활동 중이다. 이번 생에 하고 싶은 게 많은 사람이다.

나의 자전거는 오늘도 달려간다, 술집으로

자전거 | 팟캐스트 〈시시콜콜 시시알콜〉 진행자 김혜경

내가 살고 있는 마포구는 이상한 동네다. 어떤 술집이든 걷거나 대중교통을 타면 30분 정도, 택시를 타거나 자전거를 타면 10분 정도 걸린다. 걷기엔 오래 걸리고 택시를 타기엔 돈이 아까우니, 아무래도 자전거를 타는 게 여러모로 효율적인 답이다. 내가 스물아홉이 되도록 자전거라곤 보조 바퀴가 달린 네발자전거만 탔다는 사실만 제외한다면.

언제나 나 때문에 좋아하는 자전거를 같이 타지 못했던 애인이 말했다. 따릉이 가입자 수 약 186만 명 시대, 서울 시민 다섯 명 중 한 명이 서울시 공용 자전거를 타고 있단다. (*자세한 수치가 기억이 안 나므로 2020년 기준으로 업데이트합니다.) 나는 자전거를 타지 않는 다섯 명 중 네 명이니 내가 대세라는 궤변을 늘어놓으려는데, 나를 잘 파악하고 있는 애인이 덧붙였다. 자전거를 타면 마포구에선 택시만큼 빠른데 택시비는 나오지 않으니 술 한 잔은 공짜로 마시고 들어간다는 것이다. 음, 솔깃한데?

물론 쉽진 않았다. 어린 시절의 나는 이미 두발자전거 위에서 꼴사납게 넘어지기만을 반복하다 끝내 포기한 전적이 있으니까. 그러나 지금의 나는 구를 일 많은 세상에서 자전거 타느라 넘어지는 것쯤이야 공짜 술 한 잔에 비하면 별것 아닐 거라고 생각하게 된 스물아홉이다. 쿨하게 넘어질 것을 각오하고 일단 페달을 힘껏 밟자 신기하게도 몸이 '알아서' 균형을 잡았다. 겁을 먹고 등을 뒤로 젖혔다거나, 긴장한 나머지 팔에 힘을 지나치게 줘서 핸들을 극단적으로 꺾었다거나, 애인이 계속해서 옆에서 달려야 했다는 사소한 문제들은 넘어가자.

결과적으로 돈을 아끼진 못했다. 택시비를 아꼈다는 성취감에 취해 평소보다 더 마셔 버리곤 했으니까. 그런데도 자전거는 계속 타게 되었다. 자전거는 처음 생각하던 것처럼 걷기보다 빨리 술집에 도달하게 해주는 운송 수단인 것만이 아니었다. 자전거를 타게 된 후론 도로에서 버린다고 생각하던 시간이 즐거워졌다. 중력에서 살짝 벗어난 듯 매끄럽게 앞을 향해 뻗어 나가는 속도에 몸을 맡기면, 풍경들은 적당히 흐려졌고 바람은 몸을 부드럽게 감싸며 흘러갔다. 두 발에 두 바퀴를 더한 만큼의 가능성으로 나만의 속도를 가지는 일은 더없이 가슴 뛰는 일이었다.

자전거를 타기 위해 술집에 가고, 술집에 가려고 자전거를 타는 일이 잦아졌다. 더 빠르게 갈 수 있는 길도 돌아서 달리며 조금 더 심장이, 마음이 뛰기를 바랐다.

마이클 펠프스가 말했다. "어떤 일에도 한계를 지어선 안 된다. 더 많이 꿈꿀수록 더 멀리 갈 수 있다." 올림픽 메달리스트가 아니어도 이 말엔 공감할 수 있을 것이다. 스물아홉까지도 네발자전거가 자전거 인생의 전부였던 나 역시 이제는 꿈꾼다. 자전거로 더 멀리 갈 수 있는 술집을!

보너스! 처음 자전거를 배우는 당신을 위한 TIP

운동법을 안다고 해서 한 번에 잘할 수 없습니다. 그 대신 실패해도 해야 하는 이유를 찾읍시다. 솔직한 내면의 욕망에 귀 기울일수록 운동을 지속하는 데 도움이 될 거예요!

회사 다니고 팟캐스트 하고 책 팔아서 술 마십니다. 시 읽고 술 마시는 팟캐스트 〈시시콜콜 시시알콜〉에서 술 큐레이터 풍문으로 활동하고, 동명의 책을 냈습니다.

Add Color Into Your Home Life

일상에 행복 한 방울

아침마다 걸리는 온몸을 일으키며 '운동해야 하는데….'라고 속삭였다. 그러곤 하지 않았
다. 운동을 주제로 대화가 오갈 때면 시간이 없어서, 돈이 없어서 등 갖은 핑계를 대며 게
으른 나를 스스로 위로해 왔다. 이제 와 욱신거리는 허리를 붙잡고 여태 버리지 못한 찌
뿌둥한 생활을 청산하고 싶다는 생각을 해본다. 이런 시점에 만난 뷰릿의 자매들은 나에
게 온몸이 찌릿한 자극을 주었다. 'Add color into your home life', '홈 라이프에 행복
한 방울'이라는 문장 아래 건강한 라이프 스타일을 소개한다. 누군가의 평범한 하루에 특
별한 색 하나를 더해가는 것. 뷰릿은 넘치는 에너지로 건강한 아름다움을 말하고 있었다.

에디터 김지수 포토그래퍼 유래혁

새로운 운동법
뷰릿

운동, 그중에서도 필라테스가 몸에 좋다는 건 모두가 알고 있다. 하지만 바쁜 와중에 수업을 듣는 시간을 쪼개어 몇 백만 원이 오가는 필라테스 기구를 단숨에 사는 건 결코 쉬운 일이 아니다. 이렇게 현실적인 고민으로 시작을 망설이는 이들에게 뷰릿은 새로운 대안을 찾아주고 싶었다. 댄스 연습실에서의 작은 트레이닝 수업으로 시작한 '파인유얼뷰티'는 건강과 삶에 대한 고민을 이어 지금의 '뷰릿'을 만들게 되었다. 뷰릿은 좀더 쉽게 운동에 접근할 수 있는, 일명 '홈 필라테스' 운동법을 소개하며 첫걸음을 떼었다. 운동과 동시에 마사지 기능을 함께 접목한 '뷰릿툴'을 제작해 전에 없던 뷰릿만의 운동 도구를 탄생시킨다. 이렇게 해서 그들만의 또 다른 운동법, 새로운 운동 분야를 하나 만들게 된 셈이다. 다섯 자매의 첫째, 조새한별 대표는 자신의 건강한 아름다움을 위한 시도가 지금의 뷰릿을 만들었다고 말한다.

"몸이 안 좋았던 시기가 있었어요. 자세가 틀어지면서 얼굴도 같이 틀어지는 경험을 했죠. 안 받은 치료가 없었고, 좋다는 운동은 다 해보면서 제 몸에 갖은 실험을 다했어요. 결국 무분별한 운동 정보나 일방적인 치료는 근본적인 해결을 할 수 없다는 걸 깨달았죠. 저에게 맞는 운동법을 찾으면서 얻은 노하우를 뷰릿을 통해 알리고 싶어요. 스스로 자신의 몸을 가꾸면서 건강한 아름다움을 만들 수 있다는 메시지를 전하려 해요."

건강한 몸 앞에
자유로운 삶

뷰릿은 운동법과 운동 기구 소개를 넘어 '건강한 삶의 방식'을 이야기한다. 건강한 몸은 자유로운 삶을 위한 수단일 뿐, 그것에 매몰되어 일상의 행복을 놓치지 말아야 한다는 것이다. '굿모닝 뷰릿 루틴', '노브라·노팬티 이야기', '편안한 홈웨어 추천' 등 평소에 관심은 있었지만 실행으로 옮기기 어려운 일들을 뷰릿의 자매들은 입을 모아 소개하고 있다.

"그동안 많은 수강생분들의 건강과 몸에 관한 이야기를 모아왔어요. 간혹 건강한 몸 만들기에 깊이 빠져들어 오히려 제한적인 삶을 살게 되는 경우가 있었죠. 그런 사례를 접하고

또 직접 겪기도 하면서 뷰릿의 방향성이 넓어졌어요. '건강한 몸'에서 '건강한 삶'으로 나아가게 됐죠."

다섯 자매의 풍경도 생소한데, 함께 하나의 브랜드를 끌어간다는 점은 더욱 새로웠다. 다른 듯 닮은 얼굴엔 한결같은 생동감이 엿보이기도 했다. 운동을 어려워하는 나에게 충분한 자극이 되었다. 그들에게서 느껴지는 초롱초롱한 생명력이 과연 무엇인지 궁금해졌다. 다섯 자매 안에서 자라난 건강한 문화는 이제 더 많은 사람들을 향해 뻗어가려 한다. 좀더 편안하고 쉽게, 그러나 기발한 뷰릿만의 방식으로.

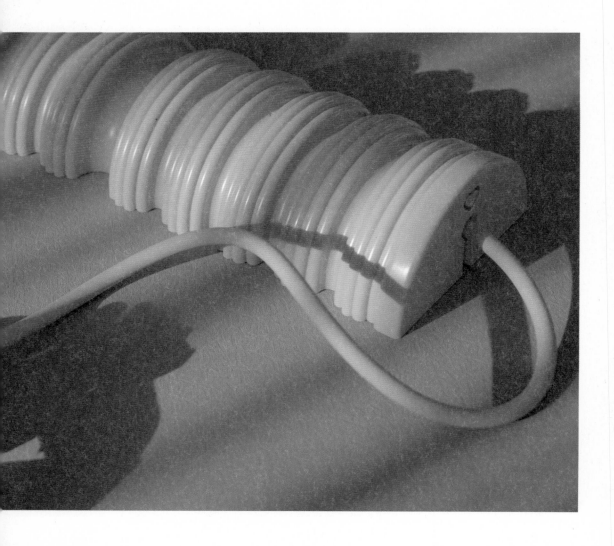

건강한
아름다움으로

조새한별·조새한솔·조은샘 인스트럭터

오늘은 뷰릿의 다섯 자매 중 세 분과 함께 이야기를 나눠 보기로 했어요. 각자 자기소개를 해볼까요?

새한별: 다섯 자매의 큰언니이자 대표 조새한별입니다. 제품 개발과 전반적인 경영을 맡고 있어요. 별쌤으로 활동하고 있죠.

새한솔: 다섯 자매의 둘째, 솔쌤 조새한솔입니다. 저희는 뷰릿과 함께하시는 분들을 '뷰링이'라는 이름을 붙여 친근하게 부르는데요(웃음). 저는 주로 뷰링이분들과 소통하며 피드백을 주고받는 일을 하고 있어요. 콘텐츠 제작과 함께 마케팅 업무를 보고 있는 셈이죠.

은쌤: 흥이 많은 셋째, 은쌤 조은샘입니다(웃음). 필라테스 강사로 활동하고 있고, 뷰릿 오피셜 계정 운영과 제품 생산 핸들링을 담당하고 있어요.

세 분 앞에 서니까 왠지 몸을 바로잡아야 할 것 같네요(웃음). 인터뷰 전에 뷰릿의 유튜브 영상을 열심히 보고 왔어요. 노팬티·노브라 주제를 다룬 콘텐츠가 흥미롭더라고요.

새한별: 제가 몸이 많이 예민한 편이라 어릴 때부터 답답한 것을 피해왔어요. 자연스럽게 남자 속옷을 사왔고, 동생들에게 추천하기도 했죠. 다른 분들과도 공유하고 싶어서 영상을 찍게 됐어요.

은쌤: 처음엔 더 불편할 것 같고, 남자 팬티를 사온 언니를 보고는 기겁하기도 했어요(웃음). 그땐 이해되지 않았는데 저도 한번 입기 시작한 이후로 그 매력에 빠지게 됐어요. 초반엔 어색했지만 복부나 서혜부 부분의 압박도 훨씬 줄어들고 통풍도 잘돼서 좋아요. 지금은 다들 약속이라도 한 듯 집에서는 노브라, 노팬티랍니다(웃음). 집은 가장 편해야 하는 휴식의 공간이잖아요. 바깥에서 시도하기 어려운 분들은 저희처럼 집에서라도 자유로움을 느껴 보셨으면 하는 바람이 있어요.

뷰릿의 주력 분야는 홈트레이닝 운동법이에요. 홈트레이닝은

혼자서 지속해야 한다는 점이 가장 어려운데요. 어떤 방식으로 참여자분들을 이끌어가나요?

새한솔: 홈트레이닝은 적은 비용으로 시간을 아끼며 운동할 수 있다는 것이 장점이지만 동시에 혼자서 지속하기 어렵다는 단점이 있어요. 저희는 뷰링이분들과 함께하는 챌린지를 꾸준히 진행하고 있어요. SNS 채널을 통해서 '#집콕챌린지', '#어깨챌린지', '#복근챌린지' 등 주제를 정해 다양한 프로젝트를 진행하고 있죠. 혼자서 운동을 하다 보면 미루거나 금방 포기하게 되는 경우가 많은데 모두 함께 인증하며 미션을 달성하는 방식이 도움이 된다고 하시더라고요. 이런 챌린지 프로젝트는 물론, 유튜브 영상 콘텐츠로 집에서 쉽고 간편하게 운동을 할 수 있도록 안내하고 있죠.

홈트레이닝 분야는 이미 레드오션이에요. 그 사이에서도 유독 뷰릿의 콘텐츠가 눈에 띄는데, 어떤 이유가 있을까요?

새한별: 아무래도 접근이 어려운 필라테스를 집에서 쉽게 할 수 있는 방법을 소개하는 콘텐츠와 뷰릿툴의 가장 큰 장점인 '셀프 마사지' 기능이 인기를 끄는 데 한몫한 것 같아요. 온라인 클래스에서는 가장 기본적인 자세 습관부터 바르게 걷는 법까지, 일상 속에서 내 몸을 스스로 건강하게 관리하는 법을 가르쳐 드리고 있어요. 처음 운동을 시작해서 정보가 필요한 분들께 가이드를 만들어 줄 수 있는 '체크 리스트'를 공유하기도 하고요. 운동법부터 다양한 콘텐츠를 만들어 소개하는 부분을 지루하지 않게 느끼시는 것 같아요.

지리산 살리기 프로젝트, '세이브더지리' 캠페인에도 참여하고 있어요.

은쌤: 세이브더지리는 지리산에 큰 구멍을 뚫어 산악 열차를 건설하려는 관광산업 개발에 맞서 지리산을 지키려는 환경보호 운동이에요. 지리산 개발 반대 지지 서명에 사람들이

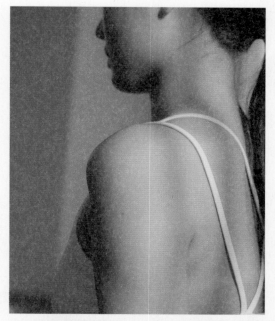

참여할 수 있도록 관련 내용과 자연의 소중함을 느낄 수 있는 영상 등 다양한 스토리를 공유했어요.
새한솔: 캠페인과 함께 '파인워킹' 프로젝트를 일주일간 진행했어요. 매일 걸은 이야기를 SNS에 인증하는 챌린지였죠. 파인워킹 프로젝트는 제가 3년 전부터 꾸준히 하고 있는 프로젝트이기도 한데요. 실제로 많은 분들이 지리산 살리기 프로젝트에 큰 관심을 갖게 되었다는 이야기를 전해 들었어요. 단순히 걷기 운동만 하는 게 아닌, 나의 걷기를 통해 지리산을 살리는 데 도움이 되어 보람을 느꼈다는 분들도 있었죠.

자매가 함께 사업을 끌어간다는 점이 부럽기도 하고 궁금하기도 해요. 어떤가요?

은샘: 솔직히 초반에는 어려움이 많았어요(웃음). 집에 와서도 일 얘기가 이어진다는 점이 괴롭기도 했죠. 아무래도 자매이다 보니 일하는 순간에도 감정이 잘 드러나서 갈등을 겪기도 했고요.
새한솔: 어려운 시기를 거치면서 대화를 정말 많이 했어요. 일터를 벗어나서 집으로 돌아온 후에도 가족이다 보니 계속 같이 있을 수밖에 없잖아요(웃음). 오랜 대화 끝에 늘 해결점을 찾아왔어요. 일 얘기를 할 때는 항상 존댓말을 하자는 규칙도 이때 자연스럽게 생겼어요. 그래서인지 집에서도 습관처럼 존댓말을 쓸 때도 있어요(웃음).
새한별: 지금은 장점이 훨씬 많아요. 일에 관한 모든 생각과 의견을 언제든지 자유롭게 얘기할 수 있어 좋은 아이디어를 빠르게 성장시킬 수 있는 기회가 많죠. 오히려 사업을 하면서 더 돈독해진 것 같아요. 자매가 모여 좋은 영향을 주고받을 수 있다는 점이 저희에겐 정말 큰 행운이에요. 모든 과정을 감사히 여기고 있어요.

끝으로 뷰릿과 함께하시는 분들께 전하고 싶은 이야기가 있을까요?

새한별: 나를 위해 노력한 시간들은 나를 배신하지 않아요. 그런 순간이 쌓여 삶을 스스로 변화시킨다는 걸 깨닫는 계기가 뷰릿이 되었으면 하죠. "우리는 건강한 아름다움을 위해 노력한 하루가 삶을 바꾼다고 믿습니다"라는 뷰릿의 문장을 늘 곁에 두고 믿어주었으면 해요.

111

H. link.inpock.co.kr/beaurit

What You
Need To Move

움직이는 우리에게

운동하는 나에게 필요한 것들. 때로는 차분하게 때로는 열정적
으로. 운동하는 시간을 다채롭게 채워줄 세 가지 브랜드 이야기.

에디터 김지수 자료 제공 아 요가, 스토네, 올리

요가를 돕는 마음, 아 요가

"몸과 마음의 균형, 삶의 밸런스를 찾고 싶다면 요가를 시작하세요. 아 요가는 거기에 재미난 위트와 감각적인 이미지를 더해 볼게요."

'위트 있고 야릇한.' 아 요가가 추구하는 감각은 보이는 것 너머의 무언가를 상상하게 한다. 유쾌하고 톡톡 튀는 이미지로 그들만의 색깔을 만들어 가고 있다. 친환경 비누, 핸드메이드 가방, 보이차, 에코백 등 요가를 둘러싼 물건을 소개하며 건강과 환경에 도움을 주는 방식을 탐구한다.

우연히 요가를 접하게 된 곽지아 대표는 가장 오래도록 지속할 수 있는 운동이 요가라는 생각이 들었다. 육체적으로는 신비한 균형을, 정신적으로는 상당한 깨달음을 주는 요가는 그녀에게 말 그대로 심신에 함께 건강을 가져다주는 것. 도구의 도움 없이 맨몸으로도 할 수 있는 '착한 운동'인 요가의 건강하고 이로운 점을 다양한 방면으로 전하고 싶어 《아 요가》 매거진도 창간했다. 요가에 입문하는 사람들, 요가를 하면서 몸과 마음의 균형을 잡기 어려웠던 사람들, 요가에 선입견을 가진 사람들까지. 요가를 둘러싼 이야기를 좀더 쉽게 풀어내 우리의 일상과 요가의 거리를 좁혀간다. 요가 하는 사람들의 매력적인 라이프 스타일 역시 함께 기록해, 얻는 정보가 쏠쏠하다.

아 요가는 예쁘고 젊은 사람만이 요가를 하는 것이 아니라고 말한다. 동시에 나이가 들어서도 꾸준히 요가를 하는 노인들의 이야기에 주목하려 한다. 날것의 요가, 그를 돕는 여러 요소들. 요가가 처음이라면 아 요가를 주목해보자.

H. smartstore.naver.com/ahyoga

공간을 온전하게, 스토네

"적어도 내 공간에서만이라도 온전한 쉼은 필요해요. 그 온전함은 자연에서 얻을 수 있죠."

운동을 하는 이유 중 하나는 쉼을 얻기 위한 것. 땀 흘려 칼로리를 소비하는 운동도 좋지만 가만히 앉아 명상을 하거나 마음의 균형을 찾는 정적인 운동 역시 중요하다. 이런 마음의 운동의 시작과 끝엔 인센스가 풍기는 향이 필요하다.
돌은 자연스러운 아름다움을 품은 예술 작품이다. 스토네 유현비 대표는 그의 아버지가 30년 간 모아온 수석의 의미를 되새기다 스토네를 오픈했다. 시간이 새긴 색채와 무늬, 땅과 부딪혀 생겨난 흔적들까지. 돌이 가진 매력은 자연의 일부분과 같아서 한없이 매력적이다. 이런 생각에서 비롯된 것은 수석으로 만든 인센스 홀더. 테라피 효과가 있는 향과 자연미를 가진 홀더의 조화는 온전한 쉼에 가까이 다가설 수 있도록 도와준다. 스토네는 뉴욕 브루클린 기반의 브랜드 'INCAUSA'의 인센스를 한국에 들여오고 있다. 아마존 열대우림 나무에서 추출한 토착 식물을 블랜딩해 만들어진 천연 인센스다. 스토네가 추구하는 자연의 아름다움은 이토록 진귀한 재료로부터 시작했다. 통통한 원형 모양에 네팔의 전통 종이로 포장되어 있어 이국적인 이미지마저 물씬 풍긴다. 아주 멀리 떨어진 자연의 일부를 우리 집으로 데려오는 순간, 어수선한 마음을 정돈할 나무의 짙은 향까지. 집에 있는 시간이 많아진 요즘, 나의 몸과 마음을 위해 자연의 향으로 공간을 가득 채워보자.

H. ctohe.com

Стоне

지금은 물을 마실 때, 올리

"무더운 여름날 시원한 물 한 모금을 마실 때처럼, 올리의 긍정 에너지가 퍼지기를 바랍니다."

'필요한 만큼의 물을 마시고 있나요?' 올리는 가장 기본적인 물음에서부터 시작했다. 기능을 제대로 할 수 있는 물병의 부재를 고민하며 언제 어디서든 물과 가까이 할 수 있는 일상을 찾아왔다. 올리는 미적지근한 물의 온도, 관계나 삶의 태도에서 어중간한 온도를 벗어나 좀더 건강하게 때로는 짜릿하게 활력을 가져다줄 수 있는 순간을 만들고자 한다. "일상의 미적지근함으로부터의 탈출구"라는 슬로건 아래 좀더 다양한 온도로 채운 하루를 추구한다.

올리는 제품 생산 과정에 본사가 직접 관여해 낮은 가격으로 판매하고 일정 금액은 환경단체에 기부하고 있다. 더 넓은 방향으로 건강한 세계를 위해 나아가려 한다. 이들이 후원하는 'Bye Bye Plastic Bags'는 인도네시아의 젊은 환경단체다. 17세 소녀가 만든 이 단체는 직접 해양 쓰레기를 줍고, 플라스틱-프리 존으로 탈바꿈하겠다는 상점들의 약속을 받아내며 구체적인 환경 보호 활동을 이어 가고 있다.

늘 당연해서 인지하지 못했던 물을 마시는 시간, 그 순간을 좀더 다채롭고 건강하게 채우는 방법은 무엇이 있을까. 때로는 차갑게 때로는 따뜻하게, 그저 물병을 들어 마셔보는 것이다.

Ollie

Walking As
I Please

무신경자의 산책법

요 며칠 출근 전에 짧은 산책을 했다. 늘 타던 버스가 아닌 다른 버스를 타고 달리다가 사무실과 멀지 않고 언젠가 몇 번 걸었던 길이 보여 벨을 눌렀다. 내키는 대로 걷다 보니 아는 길이 나와 '아, 이 길이 저 길과 이어져 있구나.' 하고 깨달았다. 무작정 걷다가 결국 아는 길을 만나는 것. 내 산책은 늘 이런 식이다.

글·사진 이다은

대명사로
말하는 사람

성인이 되고 드문드문 써오던 일기장에 종종 이런 다짐을 적어 넣곤 했다. "내년에는 좀더 구체적으로 생각하는 사람이 되자." 좋아하는 일이 아니면 뭐든 대충 넘어가 버리는 성향이 늘 불만이었기 때문이다. 누구나 그럴 수 있지만 내 생각에 나는 정도가 심한 편이다. 예를 들어 한 카페에 관해 이야기를 나눈다고 하면, 친구들은 누가 먼저랄 것도 없이 "A카페는 B가 최고지." "아니야. B는 C카페가 더 맛있어." "하긴. C카페는 다 잘하니까."라며 정확한 카페 이름과 메뉴명을 술술 읊는다. 나는 가만히 타이밍을 보고 있다가 중간중간 추임새처럼 이런 말들을 끼워 넣는다. "아. 그 코코넛 맛 나는 거?" "아. 그 초록색 간판?" (말 앞에 꼭 '아', '그'를 붙여야 자신감 없는 뉘앙스가 산다.) 보통은 카페 이름을 제대로 보지 않고 들어갈뿐더러 이름이 긴 메뉴 쪽에는 눈길을 주지 않고 아메리카노나 카페라테를 시키니, 머릿속에 남는 정보라곤 오감을 애매하게 스쳐간 것들뿐이다. 새로운 메뉴명은 적어도 세 번 이상은 주문해 본 다음에야 외워지던데 다들 한 번 먹어보고 어찌나 상세히 기억하던지.

내가 하는 말에는 확실히 고유명사보다 대명사가, 정확한 정보보다 부정확한 정보가 더 많다. '만 팔천육백 원' 대신 '만 팔천 얼마', '뉴발란스 327' 대신 '뉴발란스 요즘 많이 신는 로고 크게 박힌 거….' 그건 새로운 정보를 자세히 보거나 알려고 듣지 않는다는 뜻이고, 그만큼 모르는 채로 두는 일이 많다는 뜻이다. 모든 걸 세세히 알지 않아도 사는 데 별 지장이 없다는 사실을 깨달은 후로 그런 습관이 굳어졌다. 남에게 불편을 끼치지 않는 선이라면 썩 나쁘지 않은 방식이었다. 내가 세상 만물에 무신경한 것처럼 남들도 내게 별 관심이 없다는 걸 알게 돼 마음이 편해졌고, 인간관계나 일이 틀어졌을 때 그러려니 넘길 수 있게 됐다. 이런 내가 운동을 한다면 무엇 하나 크게 신경 쓸 게 없는 종류여야 하지 않을까?

산책의 맛

주말 오후에는 베란다 블라인드를 살짝 올려 하늘의 색을 확인한다. 주섬주섬 옷을 꺼내 입고 휴대폰과 체크카드 한 장을 외투 양쪽 주머니에 나눠 넣음으로써 산책 준비를 마친다. 그리고 속으로 중얼거린다. '아. 그 저번에 갔던 강아지 놀이터 어느 쪽이더라.' 대책 없는 길치인 내가 혼자 나갔다가 놀이터까지 도착하지 못할 수도 있지만, 집을 나서 돌아오는 길에 산책 나온 강아지 친구들을 만난다면 그날의 산책은 성공인 셈이다. 저녁 외식을 하는 어떤 날엔 집까지 걸어갈 것을 미리 염두에 두고 더 배불리 먹기도 한다. 망원역 근처에서 삼겹살 한 입, 소맥 한 모금씩 먹고 마시며 차근차근 배를 불린 뒤 월드컵경기장역까지 30분 정도를 걷는 것이다. 그때는 보이지 않는 배 속의 위가 아니라 손으로 만져지는 두 다리를 믿어야 한다. 다리가 움직이면 위도 같이 움직이고, 씩씩대며 걷다 집에 돌아오면 턱까지 차 있던 음식이 가라앉아 있다. 삼겹살이 소화되는 순간에 산책의 묘미를 느끼다니. 좀 이상하다고 생각하면서 몸에 밴 바깥바람 냄새를 깊게 들이마신다.

시간과 장소, 방향과 속도에 정해 놓은 규칙이 없다는 점이 내가 산책을 좋아하는 이유다. 모르는 길 위에 놓여도 대충 맞는 것 같은 방향으로 걸으면 그만이라는 점도 그렇다. 목적을 이루기 위한 운동이 아닌 그 자체가 목적이 되는 운동. 몇 년 전까지는 걷는 행위보다 장소에 의미를 두었다. 잎이 무성한 나무들 사이로 산책로를 거닐면 꽤 괜찮은 취미를 가진 사람이 된 것 같았기 때문이다. 서울에 있는 큰 공원을 섭렵하겠다는 마음으로 주말마다 공원을 찾아다닌 적도 있다. 하지만 꼭 초록이 무성한 길이 아니더라도 산책은 얼마든지 할 수 있다. 고개를 돌렸을 때 나무가 아니라 네모반듯한 건물이 이어져 있어도 나름대로 구경하는 맛이 있는 법이니까. 점심을 얼른 먹고 회사 근처를 한 바퀴 돌거나 저녁에 마트에 들렀다가 큰길로 빙 돌아가면 '산책 1회'를 완료한 것이다. 물론 이런 걷기 운동으로 근육을 단련한다거나 대단한 다이어트 효과를 기대하는 것은 아니다. 그저 바람을 좀 쐬고 싶어서, 배가 불러서, 머리가 아파서 집을 나선다. 원하던 대로 정신이 맑아지고, 소화가 되고, 두통이 멎는 순간 찾아오는 작은 기쁨이 좋아서 나는 아무 때나 아무렇게나 걷는다.

지구는 둥그니까
자꾸 걸어 나가면

운 좋게도 직장 근처에 걷기 좋은 길이 많다. 사무실이 있는 곳이 마포구 연남동과 서대문구 연희동의 경계여서 점심을 얼른 먹고 움직이면 두 동네 중 하나를 골라 30분쯤 산책을 즐길 수 있다. 연트럴 파크와 동진시장 쪽은 사람들이 너무 많고, 조금 더 안쪽으로 들어가도 SNS에서 유명한 카페들 때문에 평일에도 골목이 북적인다. 금쪽같은 점심시간을 후회 없이 보내려면 좀더 한산한 길을 찾아야 한다. 아늑해 보이는 서점도, 알록달록한 어린이 놀이터도, 왠지 침착한 데가 있는 나무들도 마치 처음부터 그 풍경을 위해 놓인 것처럼 조화로운, 연남동 주민센터 부근이 딱 그런 길이다.

불행하게도, 사무실에서 10분만 걸으면 나오는 그 쉬운 길을 나는 단번에 외지 못한다. 머릿속에 3D 지도를 작업해 보려고 아무리 노력해도 기껏 완성되는 건 허술하고 삐뚤삐뚤한 낙서다. 의지할 수 있는 건 시각뿐이어서 '노란색 반미 건물까지 쭉 가다가 횡단보도 보이는 쪽'이라고 가는 법을 기억해 두고 자주 찾아가는 게 최선이다. 만약 산책의 출발 지점이 달라진다면 애써 친해진 길은 도로 초면이 되고 만다. 이렇게 목적지는 명확하고 가는 길은 혼란스러운 길 위에서는 주문처럼 노래를 흥얼거리게 된다. "지구는 둥그니까 자꾸 걸어 나가면 온 세상 어린이들 다 만나고 오겠네. 온 세상 어린이가…" 그 주문이 맞아떨어져 정말로 가고 싶은 곳에 가 닿으면, 무작정 나아가는 걸음에도 조금씩 방향이 잡힌다.

종종 가는 카페 이름은커녕 지금 신고 있는 운동화 이름도 제대로 알지 못하는 무신경함이, 그렇게 모르는 걸 모르는 채로 두는 열의 없음이 점점 삶 전체를 덮어버릴 만큼 커지면 어쩌나 두려운 마음도 있다. 뭐든 구체적으로 받아들이고 생각하는 사람들도 여전히 닮고 싶다. 그건 아마 평생 끌어안고 지내야 할 숙제지만, 이 산책법만은 바꾸지 않고 가져가기로 한다. 내 방식 안에서 얻어지는 것도 분명 있을 테니까. 느긋함이나 인내심 같은 거 말이다.

Today's

꾸준히 하고 있나요?

Exercise

'꾸준하다'의 사전적 정의는 "한결같이 부지런하고
끈기가 있다."이다. 누군가가 간 시간에 걸쳐 만들어
온 마음의 근육, 그 안에 새겨 있는 바로 그 단어다.

글 이주연 일러스트 콰야

멋쟁이 딴따라의 아침 루틴
뮤지션 박진영과 아침 체조

"아침 식사를 하고 나면 체조를 해야 한다. 나는 매일 아침 58가지 체조 동작을 한다.
체조 음악도 직접 만들었다. 이걸 다 하는 데는 딱 30분이 걸린다."

어린 시절엔 방학을 앞두고 선생님이 꼭 '생활 계획표 만들기' 숙제를 내줬다. 동그란 시계 안에 해야 할 일을 나누어 적는 일은 지루했고, 완성된 숙제는 언제나 허울뿐이었다. 그나마 글자를 쓰고 색칠하는 걸 좋아해 묵묵히 해왔지만 그뿐이었다. 한 번도 계획표를 지키거나 지키려고 해본 적은 없다. 그래서인지 하루를 계획하고 시간을 관리하는 성실한 사람을 보면 존경스럽다. 불과 얼마 전에도 누군가의 꾸준한 시간 관리를 슬쩍 살피며 감탄했다. '딴따라'라는 단어를 내게 처음 알려준 뮤지션, 박진영의 일과를 엿보면서다.

실루엣만 보고도 누구인지 짐작할 수 있을 만큼 독특한 비주얼을 가진 뮤지션 박진영. 그가 끌어온 유행만 해도 한둘이 아니다. 지금은 내로라하는 아이돌 음악 도입부에 "제이와이피"라는 입말을 넣는 프로듀서로 더 유명한 것도 같지만, 그의 전성기 시절은 웃음기를 싹 빼고 말하건대, 정말로 대단했다. 외모의 잣대가 견고하던 1990년대 박진영은 강렬한 인상과 독특한 패션으로 무대 위를 자유로이 수놓았다. 긴 팔을 흐느적거리며 추는 춤은 보드라운 선을 그렸고 사람들은 그의 춤사위에서 관능미를 배웠다. 박진영은 1992년 그룹 '박진영과 신세대'로 데뷔한 이래 지금까지 JYP엔터테인먼트 이사, 음악 프로듀서, 안무가, 댄서, 뮤지션까지 다양한 역할을 해나가고 있다.

박진영의 하루는 7시에 시작된다. 일어나자마자 일본어 공부를 하고는 체중계에 오른다. 매일 아침 몸무게를 체크하면서 춤추기 좋은 체중을 유지하는 것이다. 그의 아침 식사는 올리브 오일을 비롯한 각종 단백질. 벌써 이렇게 많은 일을 했는데 시계는 이제야 9시를 가리킨다. 귀찮아하는 기색도 없이 기다렸다는 듯 시작되는 것은 다름 아닌 아침 체조다. 무려 58가지 체조 동작을 순서에 맞추어 반복하고 체조 음악까지도 직접 만들어 재생한다. 박진영이 매일 아침 이 루틴을 지켜온 지도 벌써 20년이 되었다. 매일을 반복하며 쌓아온 이 건강한 시간은 마음의 근육이 되어 오늘도 그를 규칙적으로 움직이게 한다. 하루라도 루틴을 어기면 입안에 가시가 돋칠 것처럼 생활 계획표를 정확하게 따르는 사람. 이것이 '진짜 딴따라'가 계속 멋진 장면을 만들어 나갈 수 있는 이유 아닐까.

초침과 발맞춘 걸음
철학자 임마누엘 칸트와 산책

"생각하면 생각할수록 감탄과 경외심을 불러일으키는 두 가지가 있다.
그것은 밤하늘에 빛나는 별과 내 마음속의 도덕률, 즉 법칙이다."

오후 4시가 넘어가기 시작하면 슬슬 간식 생각이 난다. 달달한 쿠키일 때도 있고 짭짤한 빵일 때도 있고 때때로 마실 게 떠오르기도 한다. 매일 같은 시각 간식을 먹다 보니 그 즈음이 되면 배 속에서 알람이 울리기 시작했다. 나의 생체 리듬엔 어느덧 간식 신호가 깃들었는데, 그렇다면 임마누엘 칸트에겐 산책 신호가 새겨 있던 건 아닐까?

독일의 철학자 칸트는 157센티미터 단신의 키와 마른 몸, 허약한 체질을 지닌 인물이었다. 서양 근대 철학을 종합한 칸트에게서는 희한한 점이 몇 발견되었는데, 살아 있는 동안 태어난 도시인 쾨니히스베르크 바깥으로 나가본 적이 없다는 것이나 매일 회색 옷을 입고 등나무 지팡이를 짚고 다녔다는 사실이 그렇다. 또 존경스러운 지점이 있다면 지나치게 규칙적인 생활을 해왔다는 것인데, 일어나는 시각, 밥 먹는 시각, 잠자는 시각은 물론이고 산책 시각까지 정확하게 정해져 있었다고 한다. 오죽하면 마을 사람들이 산책하는 칸트를 보고 시계를 다 맞추었을까. 칸트가 지금 이 시대에 살고 있다면 산책하는 그를 보고 신발 끈을 고쳐 매던 총각이 "천천히 저녁 메뉴를 생각해 봐야겠어!" 하면서 장 볼 채비를 하거나, 빨래를 널던 엄마가 "어머, 벌써 4시가 다 돼 가나 봐!" 하고 후다닥 티타임을 준비할 수도 있겠다. 학원을 땡땡이친 아이가 "한 시간만 더 놀고 들어가면 딱 맞겠다!" 하고 완벽한 알리바이를 만들게 해줄 수도 있겠지.

비가 오나 눈이 오나 산책 루틴을 반복했지만, 언제나 예외는 있듯 그에게도 산책을 거른 의외의 날들이 있었다. 한 번은 18세기 프랑스의 소설가 장자크 루소의 《에밀》을 읽다가, 또 다른 한 번은 프랑스 혁명을 보도한 신문을 읽다가라고 하는데, 평생에 단 이틀뿐이라니 어떤 의미에선 조금 무섭기까지 하다.

매일 똑같은 시간을 똑같은 모습으로 살아온 칸트의 묘비엔 그의 인생을 대변하듯 이런 문구가 적혔다. "생각하면 생각할수록 감탄과 경외심을 불러일으키는 두 가지가 있다. 그것은 밤하늘에 빛나는 별과 내 마음속의 도덕률, 즉 법칙이다." 칸트는 지금도 오후 3시 30분이면 산책을 나설 것 같다. 회색 옷을 입고, 지팡이를 짚고, 구름 너머를 느긋하게 산책하며 세상 저편에 시간을 알려주고 있지 않을까.

Bernard Werber

1961 ~

꿈인 듯 멍인 듯 상상인 듯
작가 베르나르 베르베르와 명상

"꿈을 꿀 땐 아무 장면이 머릿속에 펼쳐집니다. 명상도 그런 거예요.
편견 없이 어떤 장면이든 머릿속에 다 떠오르게 하는 거."

명상하는 사람을 떠올리면 경건하고, 진중하고, 경지에 다다른 것 같은 이미지가 연상된다. 몸을 움직이는 신체 운동보다는 정신 수양의 경지에 이른 도인의 이미지. 그래서인지 혼자 하기엔 장벽이 너무나 높아 보인다. 몸과 마음, 머릿속을 깨끗하게 비우려고 다리를 정갈하게 굽혀 앉을 때마다 잠이 와서 곤란해진다. 명상의 굳건한 장벽에 도전도 하지 않게 된 어느 날, 누군가 장벽을 살살 두드려 균열을 내기 시작했다. 그 얼굴이 익숙해 가만히 들여다보니 세계적인 작가 베르나르 베르베르다.

베르베르에게 명상은 꽤나 중요한 행위다. 어느 강연에서 그는 청중을 바라보며 이렇게 말했다. "허리를 곧추세워 척추 신경을 자유롭고 편안하게 만들어 보자"고. 이때, 눈은 시야에 잡히는 모든 것에 집중해야 한다. 눈동자를 한군데로 몰 듯 어느 하나에 집중하기보다는 눈에 들어오는 장면에 집중해서 전체를 바라보는 것이다. 그리고 천천히 눈을 감는다. 주변에서 들려오는 모든 소리에 귀를 기울이고 내 몸이 자각하는 모든 감각을 어루만지듯 느끼는 게 중요하다. 명상 시간은 길지 않아도 좋다. 단 30초만이라도 내 감각에 집중한다면 과거나 미래로 흘러가지 않고 오롯한 지금의 나에 집중할 수 있게 된다.

베르베르가 작품을 위한 상상력과 아이디어를 끌어 모으는 기초 작업이 바로 이 명상이다. 흔히들 명상이 머릿속을 다 비우는 거라고 생각하지만 머릿속을 비우든 머릿속에 가득한 이미지를 곱씹든 그 방식은 크게 상관없는 일일지도 모른다. 머릿속을 채우거나 비우는 거에 '집중'한다는 것, 눈을 감고 어느 하나 소홀히 하지 않으면서 살뜰히 보살핀다는 것, 내 안에 뒤섞인 감정들에 이름을 붙여주고 들여다본다는 것, 그걸로 충분하다. 그렇다면 명상이라는 건 멍 때리기보다는 꿈꾸는 것에 가깝지 않을까. 오늘도 습관처럼 베르베르의 목소리를 떠올리며 허리를 곧추세운다. 천천히 눈을 감고 모든 감각에 집중하다 보면 어느 순간 상상력이 싹터 있을 거라 기대하면서.

Do You
Know Judo?

도망치거나 잘 넘어지거나

만화책 《新공태랑 나가신다! – 유도 편》의 등장인물 '시로'는 작은 체구에 소심한 성격을 지녔다. 주연급 캐릭터가 대개 그렇듯 타고난 약골인 그에게도 비장의 무기가 있었는데, 극한의 상황에서 정신을 잃으면 등장하는 '태풍 메치기'가 바로 그것이다. 발음하는 것만으로도 가슴 뛰는 궁극의 기술을 배우기 위해 나는 오늘 유도장에 간다.

글·사진 김건태

어린 시절 자주 가위에 눌렸다. 엄마는 사탄에 씐 거라며 내 머리통을 붙잡고 밤새 통성기도를 했다. 시간이 한참 지나서 나는 그것이 사탄의 농락이 아니라 타고난 체질의 문제라는 걸 깨달았다. 건강해지기 위해 포레스트 검프처럼 뛰고 또 뛰기를 반복했다. 종아리가 두꺼워졌고 숨을 오래 참을 수 있게 됐으며 남보다 빠르고 오래 달릴 수 있게 됐다. 급식 시간에 제일 먼저 식당에 도착할 수 있게 됐고, 힘찬 도움닫기로 담을 넘는 건 일도 아니었다. 학교 대표로 전국 대회에 나가게 됐을 때는 여학생에게 핫초코와 피자빵을 받기도 했다. 세상의 짱이 된 것 같았다.

하지만 어른이 되자 달리기를 잘한다는 건 그다지 자랑할 만한 일도 아니었다. 격식을 차리는 불편한 자리에 참석했을 때, 상사에게 꾸짖음을 들었을 때, 연인과 크게 다투는 순간순간 잡을 수 없을 만큼 멀리 도망가는 충동을 느끼지만, 그렇게 했다간 돌아갈 자리가 사라지고 만다는 걸 알아 버렸다. 도망가지 않고도 위기의 순간을 잘 넘길 수는 없는 걸까? 까까머리 유도선수 시로처럼 상대를 넘기는 궁극의 필살기가 필요하다고 나는 생각했다.

그러던 어느 날 유튜브에서 한 영상을 보게 됐다. 베이징올림픽 유도 국가대표 최민호의 한판승 모음이었다. 눈도 작고 키도 작고 심지어 피부마저 하얀 그가 험상궂고 털도 많은 상대들을 차례로 넘기는 장면이었다. 자신보다 머리 하나는 더 큰 상대를 매트 밖으로 던져버리는 그를 보며 나도 모르게 소리쳤다. "저… 저건 태풍 메치기다!!!"

고민할 것도 없이 근처 유도장을 검색했다. 나오지 않았다. 뮤직 복싱과 주짓수에 밀려 배우는 사람이 거의 없다고 '지식iN'은 말했다. 그나마 버스를 타고 30분은 가야 하는 곳에 유도장이 하나 있었는데, 인원이 많지 않아 체급과 연령에 상관없이 모두 함께 수업을 받는다고 했다. 코찔찔이 초딩과 함께 수업을 받는다는 것에 자존심 상했지만 선택의 여지가 없었다.

유도인이 된 첫날, 입관 원서를 쓰고 빳빳한 유도복을 받아 입었다. 대여섯 명이 모인 작은 공간에서 관장님의 구령과 함께 준비 운동을 시작했다. 단단한 체구의 관장님은 생긴 대로 무뚝뚝했다. 그는 '진정한 무도인은 스스로 터득한다.'라고 선언이라도 한 듯, 운동 순서나 요령 따위는 설명해 주지 않았다. 덕분에 나는 눈치껏 다른 사람의 동작을 보고 낑낑대며 몸을 풀어야 했다. 고작 몸 푸는 동작이 뭐 그리 대수냐고 생각할 수 있겠지만 크고 작은 부상이 예정된 격투기에서 가장 중요한 과정은 몸풀기였다. 몸을 유연하게 만들어야 크게 다치지 않는다고.

준비 운동이 끝나고 사람들은 대형을 짜 기술을 연습했다. 허리에 감은 띠의 색깔로 그의 위상을 파악할 수 있었는데, 아니나 다를까 검은 띠를 두른 사람들은 하나같이 추성훈처럼 얼굴이 검었다. 강해 보이려고 태닝을 한 건지, 아니면 격투기를 오래 하면 간이 나빠지는 건지 궁금했지만 물어볼 수 없었다. 눈치 없는 나도 건들면 안 되는 상대를 알아보는 능력은 있다. 관장님은 멀뚱히 서 있는 내게 다가와 낙법을 가르쳤다. 낙법이란 메치기를 당하거나 갑작스레 넘어질 때 안전하게 몸을 보호하는 기술로, 숙련된 서커스 단원처럼 불붙은 굴렁쇠를 뛰어넘고 싶다면 반드시 배워야 하는 과정이다. 먼저 전방 낙법은 넘어지는 순간 고개를 옆으로 돌려 코가 깨지지 않게 하는 기술이었다. 매트리스에 양손을 동시에 짚으며 '펑' 소리가 크게 나도록 내려치는 것이 핵심이다. 관장님은 소리가 크고 경쾌하게 나면 아무 말도 없다가 '펑'이 아니라, '퍽'이나 '퍼벅' 같은 소리가 나면 험상궂은 얼굴이 됐다. 유도복을 처음 입은 지 20분도 안 된 사람에게 짓는 표정치곤 꽤나 리얼했다. 태국 여행에서 두리안을 처음 맛본 내 친구가 딱 저런 표정을 지었는데, 유도의 세계에서 나는 자주 두리안이 됐다. 고약한 과일 취급을 받지 않기 위해 몸부림치며 용케 그날의 운동을 마쳤다. 쓰지 않던 몸의 근육들이 꿈틀댔는데 그 기분이 나쁘지 않았다. 내일이면 좀더 멋진 기술을 배우겠지? 이렇게 강해지는 거다! 그런 생각을 하며 마음속으로 파이팅을 외쳤다.

하지만 기술은커녕 다음 날도 또 그다음 날도 낙법의 연속이었다. 앞으로 넘어지고 뒤로 넘어지고 옆으로 넘어지고 달리며 넘어지기를 반복했다. 낙법, 낙법, 낙법! 온통 낙법뿐이었다. 길을 걷다 낙지가 적힌 간판만 봐도 신물이 올라왔다. 보름간 낙법의 개미지옥에서 허우적대는 나를 보며 관장님은 서두르지 말라는 말만 반복할 뿐이었다. "이건 지구를 상대하는 일이다." 관장님이 말했다. 어쩐지 거창한 말이었지만 근사한 표현 같았다. 유도는 주먹 크기나 발차기의 속도와는 상관없이, 지구의 힘을 이용해 나보다 큰 상대를 꺾을 수 있는 유일한 운동이었다. 반대로 지구에 떨어졌을 때 죽거나 다치지 않는 방법 역시 낙법뿐이라고 그는 덧붙였다.

'그러니까 나는 지금 잘 넘어지는 기술을 배우는 중이로군. 넘어져도 아프지 않은 방법을 익히는 거야.' 그렇게 생각하자 유도가 조금 시시해졌다. 그러면서 동시에 이 시시한 일이 하루빨리 몸에 배었으면 하고 바라게 됐다. 자전거 타는 법을 평생 잊지 않는 것처럼, 물속에서 몸이 저절로 뜨는 것처럼, 유도를 그만두더라도 평생 쓸 만한 낙법 하나가 몸에 새겨진다면 좋을 것 같았다.

사실 자라오며 나는 누군가를 거느리는 쪽이 아니라 늘 그 반대편에 있었다. 한마디로 약해빠진 애였다. 학창 시절 나를 괴롭히는 애의 콧잔등을 날리기보단 제발 때리지 말아 달라며 구걸하는 쪽이고, 내 물건을 가져간 애에게는 괜찮으니 네가 편할 때 돌려달라고 말하는 게 편했다. 누군가를 때리면 상대가 아파할 테니까, 관계를 망치지 않기 위해 한 번 더 참는 게 낫다고 생각했다. 좋게 말해 평화주의자, 나쁘게 말하자면 찌질이. 그런 사람이 기술을 익힌다고 상대를 바닥에 메칠 수 있을까? 아무리 오래 유도를 배운다 해도 아마 나는 이렇게밖에는 말하지 못할 것이다. "나 유도 했어. 검은 띠야. 꺼져. 괴롭히지 마세요. 제발요."

한 달이 넘어 드디어 기술을 배우기 시작했다. 상대의 도복 잡는 법을 배우고, 업어치기를 배우고, 굳히기를 배웠다. 한 번은 발기술로 상대의 중심을 흩뜨려 주저앉게 했는데, 그건 내기술이 탁월해서가 아니라 상대의 힘을 적절히 흘려보내서 가능한 일이었다. 그러나 대부분의 경우 나는 언제나 바닥에 눕는 역할이다. 메쳐지고, 고꾸라지고, 걸리고, 넘어지고, 그렇게 수백 번 반복하다 보니 조금씩 안 아프게 넘어지는 방법이 몸에 익기 시작했다. 굳히기로 숨이 막힐 때도 버티지 않고 재빨리 탭을 치면 상대는 더 이상 공격하지 않았다. 공격을 온몸으로 저항하기보단 움직임의 흐름을 따라가니 만사가 자연스러웠다. 그러고 보면 태풍 메치기 같은 필살기는 애초에 나에게 필요하지도 않았는지도 모른다. 살면서 닥칠 성가신 공격들에 아프지 않게 넘어질 수 있다면 굳이 상대를 해치지 않아도 괜찮지 않은가.

그런 사실을 깨달았지만 나는 여전히 유도장에 간다. 여전히 운동을 하기 전엔 심호흡을 크게 하고, 여전히 몸을 유연하게 하는 데 더 많은 시간을 할애하고, 여전히 낙법을 배우고, 여전히 넘어지고, 여전히 조금은 아프다. 그럼에도 불구하고 나는 이 시시하고 반복적인 운동이 좋다. 빠른 발로 상황을 모면하는 것도 스릴 있지만 그건 최후의 보루다. 어떤 공격이 들어와도 내겐 낙법이 있으니 괜찮아. 그렇게 생각하면 한결 마음이 편해진다.

Usefulness Of Uselessness

무용한 취미를 가지는 일

글·그림 **김그래**

3년 전의 나는 어딘가 고장 나 있었다. 좋아하는 일을 하며 살고 있지만, 그 일이 잘해야만 하는 일이 되어서일까. 몇 번의 생계 곤란과 그로 인한 불안들이 그림 그리는 손을 머뭇거리게 할 때, 매일 출근하는 네 평 남짓한 작업실이 세상에서 가장 괴로운 공간이 되기도 했다. 작은 네모 안에 들어앉아 모니터 위에 하얀 네모를 켜두고 우는 날이 많아졌다. 더 잘하고 싶다고, 잘해야 한다고 생각한 뒤부터 그림 그리는 것도, 글 쓰는 것도 맘처럼 되지 않았다. 계속해서 괴로운 마음으로 지낼 수는 없어서 영화를 보거나 책을 읽으면 타인이 만들어둔 멋진 세계에 감탄하며 주눅 들었다. 여러 가지로 빚어진 시끄러운 마음들이 환기될 기미 없이 작업실 안을 가득 메웠다. 좋아하는 것도 취미도 일과 연결하지 않고 편안해질 수 있는 곳이 없었다. 자꾸만 곪아가는 내게는 숨 돌릴 곳이 필요했고 뭐라도 해야 한다는 생각에 시작한 것이 클라이밍이었다.

홍대입구역을 오갈 때 자주 보던 클라이밍 센터로 찾아가 친구와 나란히 초급반 수업을 등록했다. 카운터 벽에 붙은 강사진 프로필은 왜인지 다들 상의를 벗은 채 정면을 향해 웃고 있었다. 그건 좀 만들어진 미소 같아 보였는데 이번에 입사 후 처음 맡은 수업이라 아직 프로필이 걸리지 않았다는 나의 선생님은 벽에 붙은 강사진보다 좀더 어색하게 미소 짓고 있었다. 퇴근 시간 무렵의 센터 안에는 반팔과 민소매 티셔츠를 입은 사람들이 벽에 붙은 돌을 잡고 위로 오르고 있었다. 힘든 운동일 거라고 예상하며 잔뜩 겁먹었지만, 눈으로 보는 클라이밍은 생각보다 쉬워 보였다. 벽 쪽을 향해 "나이스! 나이스!" "가자! 가자!" 하고 응원하는 사람들 틈에서 나도 잘 갈 수 있을 것만 같았다.

며칠이 지나고 드디어 처음으로 운동을 해보니 그제야 칼로리 소모량이 왜 높은지 이해됐다. '돌'이라고 생각하던 것의 이름은 '홀드'였다. 같은 색의 홀드를 손으로 잡거나 발로 디뎌서 시작 지점부터 완등 지점까지 도달하는 동안, 바닥 쪽으로 경사가 기울어진 벽에 붙어 내 몸무게를 버텨내느라 지구의 중력을 온몸으로 느껴야만 했다. 손으로 잡을 때 악력이 많이 필요하도록 까다롭게 생긴 홀드를 쥐어야 하거나, 홀드와 홀드 간의 거리가 멀어 점프라도 해야 할 때면 무서워서 땀이 났다. 손바닥이 빨갛게 붓고 팔과 어깨가 욱신거리는 한 시간 동안 내 몸에 있었는지도 몰랐던 근육을 썼다. 몸은 아팠지만 오랜만에 느끼는 개운한 기분이 반가웠다. 그 뒤부터 매일 기쁜 마음으로 클라이밍 센터를 드나들었다. 벽에 오르는 날이 늘어날수록 몸이 단단해지는 게 느껴졌다. 늘 말랑하기만 하던 팔에 근육이 붙고, 배와 어깨에도 이전보다 더 힘이 생겼다. 클라이밍에서는 시작 지점부터 완등 지점까지 가는 과정을 '문제를 푼다'고 말하는데, 몸의 균형과 동작을 잘 계산하며 움직여야 완등까지의 루트를 잘 풀어낼 수 있다는 점이 문제를 푸는 행위와 꼭 닮았기 때문이다. 근육이 길러지면서 점점 어려운 문제를 풀 수 있게 되고, 경험이 쌓일수록 정확한 기술과 동작을 알게 되니 클라이밍 실력도 자연스레 늘었다. 한 동작 한 동작 홀드를 옮겨 쥐어 비로소 완등 홀드에 두 손을 모두 붙였을 때 느끼는 성취감은 이전과는 다른 것이었다. 뛰거나 몸을 던지는 동작들은 겁이 많은 내가 절대 시도하지 않는 종류의 문제였지만 자신을 신뢰하기 시작하면서 조금씩 시도해 보는 일이 많아졌다. 클라이밍을 하는 동안, 배우는 것들이 쌓여갔다. 괴로웠던 마음에도 바람이 들었다.

클라이밍을 한 지 벌써 3년이 되어간다. 3년 치 만큼의 괄목할 만한 실력으로 성장하진 못했으나 질리지 않고 오래 운동하는 것에 때때로 놀란다. 온통 자잘한 걱정과 불안으로 하루를 채우는 나지만 운동하는 시간만큼은 그것에서 한 발짝 떨어질 수 있다. 틈이 생긴 것이다. 일에서 벗어나 완전히 숨 돌릴 수 있는 무용한 취미. 운동을 하다 보면 이따금, 잘하고 싶다는 마음이 필연적으로 따라오지만 이것은 잘해야만 하는 일이 아니라는 점이 나를 안심시켰다. 빼곡한 일상에 건강한 틈을 채우는 일이 오래도록 계속되었으면 하고 내일 암장에 메고 갈 가방에 암벽화를 챙긴다.

내가 가진 체력이 귀한 줄 몰랐던 어느 날,

갑자기 쓰러지고 말았습니다.

이 계기로 운동을 시작했습니다.

오늘 운동 다녀온 거야?
꽤 꾸준히 하네
얼마 못 갈 줄 알았더니.

아 왜냐면,
운동하면 있잖아..

나 좀 멋있거든.

자기애에 취하는 날을 거치는 동안

몸에 대한 인식도 바뀌었습니다.

와....

이전에는 막연히 마른 몸을 갖고 싶었습니다.
그냥 그래야만 할 것 같았거든요.

암장에서 운동하는 사람들을 마주했을 때,

가녀리고 여리여리해야 할 어깨와 팔뚝에는
건강한 근육이 차있었고

좋아하는 일을 오래 할 수 있으려면
체력이 필요합니다.

그 몸은 무리한 다이어트로 얻은 내 몸보다
멋지고 아름다웠습니다.

와...

저는 다시 기절하고 싶지 않고
오랫동안 건강히 일하고 싶습니다.

흐아 ~암~

단순히
내 미의 기준이
달라진걸까..?

바라는 몸을 가지려면 부지런히 애써야겠지만

한 가지 확실한 것이 있다면

좋았써..
쪼금만 더
굽어보자..

이전에 바라왔던 몸은 나를 아프게 했고
지금 바라는 몸은 나를 지탱해줄 수 있다는 믿음.

내가 지탱할 수 있는 몸과 마음을 가지길바라며

오늘도 암벽화를 챙깁니다.

멀리 달아나며 늘 함께

Graceful Gesture

우아한 움직임

달리기로 시작해 '멈춰 있기'를 꿈꾸는 이야기.

글·사진 전진우

생각의 달리기

완두와의 밤 산책을 끝마쳐 놓고서 나는 주로 자정이 넘어 달린다. 사람들이 대부분 집에 들어가 있는 시간. 낮 시간에 좁아 보이던 길은 넓어져 있고, 고요하다. 집 앞에서 한강까지 왕복 7킬로미터 정도의 거리를 멈추지 않고 달리면 40분 남짓 걸린다. 매일 달리는 것은 아니어서, 가끔 달리기를 시작하면 더 이상 못 달리겠다는 생각이 들 때까지 멈추고 싶지가 않다. 요즘엔 그게 7킬로미터 정도인 것 같다. 달릴 때 듣는 플레이리스트는 대부분 가사가 없고 박자도 없는 느린 연주곡들이다. 가쁜 숨과 격렬한 움직임에 전혀 어울리지 않는 것 같다가도, 내가 달리고 있다는 걸 잊는 상태가 되어 무언가 생각하기 시작하면, 느린 음악이 나를 더 뛰고 싶게, 더 생각하게 만든다.

달리기에 관해 누가 물을 때, 달리며 무얼 생각했는지 대답하는 경우가 있다. 기록이 나아졌다는 이야기나 새로 산 신발의 장단점에 관해서도 말하지만, 좀더 긴 대답을 할 수 있는 관계라면, 나는 밤에 뛰며 했던 생각들에 관해 나누길 좋아한다. 첫 러닝에서는 한강까지 뛴다는 장소적 사실과 내가 독립해서 혼자 살아가며 완두를 책임지고 있다는 관계적 사실이 문득 인지되어 '다 큰 것 같은 기분과 유년의 기분이 동시에 든다'고 말했었다. "평소에 별 감정이 없던 사람들에게까지 폭발적인 연민이 들었어. 나를 포함해서." 그건 정말이지 내가 인간을 대표하는 어리석은 신이 된 것처럼 바보 같은 오지랖이 생겼던 날의 대답이었다. 그토록 가슴 벅찬 기분이 얼마 만이었는지. 또 어떤 날에는 친구의 할아버지가 돌아가셨다는 소식을 듣고서 달리기를 했는데, 마음속으로 위로와 기쁨을 동시에 보낼 수 있어서 신기했다고 말한 적도 있었다. 이처럼 달리기는 내게 움직임으로만 정의되지 않는다. '달려야만 드는 기분이 있구나.' 그렇게 생각하며 기뻐하는 인간인 것이다. 만약 생각하지 못하게 하고, 기록 향상에 목매야 한다면, 어쩐지 달리고 싶은 마음이 전혀 생기지 않는다.

뇌의 역할

"우리의 뇌는 생각하거나 느끼기 위해서가 아니라 움직임을 조종하기 위해 진화했습니다." 신경과학자 다니엘 울퍼트Daniel Wolpert는 테드 강연에서 놀라운 전제로 이야기를 풀어 나간다. 세상을 인지하기 위해, 혹은 생각하기 위해 뇌가 존재하는 게 아니라고 단언하고서 여러 실험들과 결과들로 주장을 뒷받침한다. '생각의 달리기'를 좇던 나에게는 무척이나 흥미로운 이야기였다. 그가 강연에서 들은 예를 몇 가지 옮겨보면 이렇다. 태어난 지 얼마 되지 않은 멍게는 바다를 헤엄쳐 다니다가 특정 시기에 이르면 바위에 붙어서 생활한다. 정착, 즉 움직임이 더 이상 필요하지 않은 상태가 돼서 멍게가 하는 행동은 자신의 신경계와 뇌를 영양분으로 섭취해 버리는 일이다. 박사는 또 이런 예도 든다. "월등한 연산 능력을 가진 인공지능이 체스 게임이나 바둑 같은 분야에서 대부분의 인간을 쉽게 이기게 됐지만, 체스 조각을 판 위에 우아하게 놓는 움직임은 다섯 살 꼬마 아이가 로봇보다 훨씬 더 잘합니다." 섬세하고 정확한 움직임을 실현하기 위해 어떤 알고리즘을 적용해야 하는지 아직 명확하지 않기 때문에, 그걸 설명하고 기술로 적용하는 일이 로봇에게도, 또 자유롭게 움직이는 우리 인간에게도 어려운 일이라는 설명까지 덧붙였다. 이어지는 강연에서 박사는 '잡음', 즉 정교한 행동을 방해하는 수많은 요소들의 영향 속에서 어떻게 뇌가 우아한 움직임을 만들어 내는지 설명한다.

내 안에서 생겨나는 생각들의 원천은 어디일까. 무엇으로 이루어져 있을까. 밤늦게 달리며 떠오른 생각들을 앞서 잔뜩 나열해 놨지만, 강연을 듣고 나니 내가 무엇으로 어떻게 이루어져 있는지 실은 잘 알지 못하고 있다는 생각이 문득 들었다. 앞으로도 제대로 알 수 없을 것이라는 추측도 함께였다. 생각하는 달리기는 곧 '온전히 이해하기 어렵다'는 결론에 닿았다. 그런 와중에도 나는 생각하며 뛰는 것이 가능한 인간이었다. 이해하기 어렵다면서 실은 완벽하게 수행하고 있는 것이다. 이쯤 되니 내가 무슨 생각을 하고 어떤 감정을 느끼는지보다, 내 몸에서 일어나는 모든 움직임에 더 관심이 생겼다. "모든 것은 근육의 수축에서부터 발생합니다. 의사소통에 관해 생각해 보죠. 말하는 것, 제스처, 글쓰기, 언어적 표현들. 모두가 그렇습니다. 감각, 기억과 인지적 과정들도 그렇고요." 다니엘 울퍼트 박사가 내게 말한다. 어쩌면 스스로 특별하게 여기고 있는 나의 생각과 마음을 이해하기 위해, 혹은 제대로 질문하기 위해 내가 알아야 할 것은 내가 '어떻게, 왜 이러한 방식으로 움직이고 있는지'가 아닐까.

덤덤한 표정

강연의 후반부에서 하나의 움직임이 어떻게 다듬어지고 탁월해지는지 설명하기 위해 다니엘 울퍼트 박사는 '베이시안 룰Bayesian Inference'에 관해 설명한다. 짧게 설명하자면, 뇌를 가진 생명체가 어떤 행동을 할 때, 순간적으로 '이전 경험으로 축적된 지식들'과 '신경계의 감각적인 기억', 두 가지 정보를 통합해서 하나의 추론을 얻어낸다는 내용이었다. 그는 무언가를 습득해 나가는 인간을 '베이시안 추론 기계'로 표현할 만큼 이 공식의 절대성을 강조한다. 하나의 작은 움직임에 관해, 어떻게 그런 우아함을 가지게 되는지 관해 탐구해 볼 수 있는 단서를 찾아낸 것을 기뻐하며 말이다.

모든 행동 하나하나가 수학적 공식에서 비롯되었다고 생각하면, 주변을 바라보는 시각이 변한다. 춤을 추는 사람들, 움츠린 사람들, 커피에 물을 붓는 행위나 그림을 그리는 모습들. 설거지하는 손과 악기를 연주하는 손도 평소보다 훨씬 아름답게 여겨진다. 멀리서 볼 때도 가까이 다가가서 볼 때도 아름다운 나무나 물처럼, 우리의 움직임도 그런 아름다움에 속한다. 문득 완두의 움직임도 떠올려 보게 된다. 내가 가장 자주 관찰하는 대상. 어딘가로 뛰어가서 한참 있다가 돌아오는 완두를 기다리고 앉아서, 완두가 밟고 지나간 길을 머릿속으로 이어본 적이 있다. 그렇게 그려진 상상 속 그림 하나가 어떤 정보들보다 완두를 잘 설명해 주는 게 아닐까. 완두는 요즘 내가 입는 옷, 내가 짓는 표정, 나의 습관과 목소리들에 예전보다 훨씬 더 섬세하게 반응한다. 정보들은 완두에게 여러 감정을 유발한다. 박사의 말대로 우리의 뇌가 경험을 통해 점점 우아한 움직임들을 만들어 낸다면, 완두와 나에게는 그게 과연 어떤 형태일까. 완두에 관하여 가장 먼저 떠올렸던 우아한 움직임은 거의 정적인 것이었다. '그러든지 말든지' 무표정한 얼굴로 나를 바라보는 얼굴. 집에서 대부분의 시간을 함께 보내지만, 가끔은 외출을 하고 싶은 내가, 밖으로 나가더라도 몇 시간 후에는 반드시 돌아온다는 믿음을 주는 일. '덤덤함'이라는 가장 우아한 움직임. 완두의 뇌에 그것이 나에 관한 가장 믿을만한 정보로 인식되면 좋겠다는 생각이 들었다.

Music Flowing
Like Running

달리듯 흐르는 음악들

어느 날인가 문득 어린 시절 내가 자전거 타는 걸 엄청나게 좋아했다는 사실을 떠올렸다. 곧장 실행에 옮겼다. 비싸지 않은 자전거를 구입해 한강을 질주해 봤다. 기분 끝내줬다. 내가 이걸 왜 진작 하지 않았는지 나 자신을 나무라고 싶을 정도였다. 나는 오늘도 자전거를 벗 삼아 한강을 달리다가 집으로 돌아왔다. 샤워로 땀을 씻어낸 뒤에 이 글을 쓴다. 으음. 이 글을 잘 쓸 수 있을지 고민인데 이미 너무 많이 써버렸다. 돌아가기엔 늦어버렸다. 아아. 고민이여. 제발 나 좀 그만 괴롭혀라. 그리하여 결론은 요즘의 내가 다시 운동을 좋아하게 됐다는 거다. 다음은 자전거를 타고 달릴 때 내 이어폰에서 흘러나오는 음악 리스트다. 자전거 탈 때 참고하면 당신도 효과 볼 수 있을 거라고 믿는다. (만약 있다면) 전국자전거협회에서 돈 받고 이러는 거 절대 아니다.

글 배순탁 (음악평론가, 배철수의 음악캠프 작가)

인생을 즐기는 잔재미

운동을 좋아'했'다. 그것도 상당히 열정적으로 푹 빠져 지낸 시절이 있었다. 그중 가장 몰입했던 건 농구와 축구였다. 나뿐만이 아니었다. 대부분이 그랬다. 그중 농구는 1990년대 대한민국 스포츠의 꽃이었다. 야구 못지않은 국민적인 인기를 누렸다.

아니, 그런데 말입니다. 곰씹어보면 고려대나 연세대와 아무 상관없는 사람들이 왜 그렇게 서로 다퉜는지 모를 일이다. 고려대의 각 선수와 연세대의 각 선수를 만화 《슬램덩크》 속 주인공과 비교하면서 논쟁을 벌이기도 했다. 어쨌든, 인생을 살다 보면 도무지 이해할 수 없는 일이 벌어지게 마련이고, 사람들은 그 이해할 수 없는 일을 갖고 이해할 수 없는 말싸움을 벌이곤 한다.

축구에서 누가 최고냐는 갑론을박도 마찬가지다. 생각해 보라. 리오넬 메시가 최고가 되건, 크리스티아누 호날두가 최고가 되건 당신 인생에 도움 되는 거 있나? 폭락하던 주식이 갑자기 상한가를 치나? 집에서 석유가 콸콸 솟아오르나? 평소에는 말도 안 걸던 사장님이 당신을 불러서 "당신 같은 인재를 잃긴 싫으니 연봉을 대폭 올려줘야겠어."라고 거부할 수 없는 제안을 던지나? 그런데도 사람들은 오늘도 둘 중 누가 넘버원인지를 자기 시간을 써가면서 열과 성을 다해 설파한다. 그 격렬함으로 따지자면 '입'농구와 '입'축구의 세계는 실제 운동의 그것에 비해 모자라지 않다. 도리어 더 뜨겁게 타오를 때가 많다. 심지어 손가락과 입만 사용하면 되니까 큰 힘 들이지 않고도 괜히 운동하고 있는 것 같은 뿌듯함을 선물해 줄 수도 있다. 이거 참 신묘한 효과다. 나는 이걸 (악플은 달지 않는 한에서) 인생을 즐기는 잔재미라고 부른다. 내 경험에 이런 잔재미라도 있는 인생이 그나마 살 만하다. 주기적으로, 마치 필연인 것처럼 들이치는 따분함을 조금이라도 막아주는 방파제 구실을 해주는 셈이다.

특단의 조치

하지만 아무래도 그렇다. 더욱 탄탄한 방파제를 찾는다면 운동의 세계 속으로 직접 뛰어드는 것을 이길 순 없다. 예를 한번 들어보자. 우리의 고민 리스트는 한도 끝도 없다. 고민을 해서 고민이 해결되면 고민이 없겠지 싶지만 인간인 이상 그럴 수는 없는 노릇이다. 고민은 대개 예고도 없이 침입한다. 한번 거기에 빠지면 헤어나기란 거의 불가능하다. 따라서 우리는 이걸 물리치기 위한 효과적인 수단은 대체 무엇일까 고민해야 한다. 이른바 고민을 제거하기 위한 고민이다.

실험을 해봤다. 책을 읽어보니 육체를 한계까지 몰고 가면 거기에 고민 따위 들어설 구멍은 없다고 써져 있었다. 돌이켜보니 맞는 말 같았다. 대학 시절 나는 수업도 안 들어가고 하루에 농구를 거의 다섯 시간 넘게 했다. 당시 내 집안 환경은 최악이었다. 극단적인 상상도 여러 차례 해봤다. 예전에도 썼듯이 삶이 나를 끊임없이 비웃고 있는 것만 같던 시기였다. 한데 그 비웃음이 잠시라도 들리지 않는 공간이 하나 있었다. 바로 농구장이었다.

그 시절에 비하면 지금 내 삶은 꽤나 안정적이다. 그럼에도, 고민이 없을 수는 없다. 그래서 시작했다. 나는 주말이 되면 자전거를 끌고 나가서 한강을 달린다. 원래는 두 발로 달렸다. 무릎에 무리가 가지 않는 선에서 달렸다. 그러다가 너무 바빠서 운동을 안 하게 됐다. 배가 자연스럽게 부풀어 오르면서 체력이 뚝 하고 떨어졌다. 혹시 그거 아나? 글은 정신력으로 쓰는 게 아니다. 글도 체력이 있어야 쓴다. 위기라고 판단했다. 머릿속에서 경보가 울렸다. 글은커녕 기상하는 것조차 버거워졌다. 나 자신에게 특단의 조치를 내려야 할 시점이었다.

에픽 하이, '막을 올리며'

나는 지금 심각하다. 한강 공원에 막 진입했고, 자전거 페달을 밟으면서 서서히 속도를 올리려 하는 중이기 때문이다. 이럴 때 필요한 것, 바로 과할 정도의 진중함이다. 무릎의 진동을 느끼는 동시에 조금씩 힘을 가하면서 페달을 돌려야 한다. 유의해야 할 점이 하나 있다. 흥분을 이기지 못해 무리수를 둬서는 안 된다는 거다. 속도를 자연스럽게 올려야 나중에 더욱 짜릿한 기분을 맛볼 수 있을 테니까 말이다.

이 구간에 '막을 올리며'보다 더 어울릴 노래는 몇 없다. 그러니까, 출발과 함께 내 나름의 진지한 의식을 치르는 셈이다. '막을 올리며' 뒤에 흐르는 '헤픈 엔딩'도 이어 들으면 더욱 좋다. 왜, 준비 운동은 길면 길수록 유익하다고 하지 않나.

[신발장](2014)

New Order, 'Crystal'

뉴 오더를 좋아한다. 가장 애정하는 밴드들 중 하나라고 자신 있게 고백할 수 있다. 그중 이 곡은 자전거 타기에 최적화된 리듬을 들려준다. 규칙적이면서도 속도감 있게 진행되는 까닭이다. 마치 로봇을 연상케 하는 리듬인데 뉴 오더의 곡이 대부분 이렇다.

주로 속도 변화 없이 쭉 치고 나아가고 싶을 때 이 노래를 선택한다. 게다가 이 곡은 러닝 타임도 꽤 길다. 거의 7분에 가깝다. 이 곡 플레이하면서 7분 동안 꾸준히 페달을 밟아보라. 자잘한 고민 정도는 저절로 소멸할 게 분명하다. 대신 그 자리에 튼튼한 두 다리와 쪽 빠진 뱃살이 들어설 것이다.

[Crystal](2001)

The Last Shadow Puppets, 'Aviation'

속도를 더욱 올리고 싶을 때 트는 곡이다. 일단 제목을 보라. '항공'이라는 뜻이다. 그래서일까. 왠지 질주하지 않으면 노래에 죄를 짓는 것 같은 기분이 든다. 죄의식은 중요하다. 때로 그것이 책임감 있는 행동을 이끌어내기도 하는 까닭이다. 'Aviation'을 플레이하면서 나는 비록 날지는 못하지만 진심 최선을 다해 페달을 밟는다. 그리하여 가끔은 몸이 붕 뜨는 듯한 착각…은 전혀 들지 않는다. 중력은 과연 위대하다.

이 곡 역시 러닝 타임을 고려해서 선곡했다. 4분이 채 안 된다. 그렇다고 해서 과속은 금물이다. 자동차든 자전거든 안전이 제일이라는 점 명심하고, 명심하자.

[Aviation](2016)

It's Easy If You Try

일단, 꾸준히

근육은 상상하는 대로 움직인다.

글·사진 이기준(디자이너)

"발바닥에서 뿌리가 자라 땅속에 단단히 박혔다고 상상하세요. 근육은 생각을 통해 활성화됩니다."
동작을 배우기 전에 그 동작이 나한테 왜 필요한지 설명하는 트레이너 덕분에 재미를 붙였다.
운동 한번 제대로 한 적 없이 중년이 되고 말았지만 난 사실 몸 쓰는 걸 좋아한다. 출근길에 일부러 두세 정거장 전에 내려서 다른 길로 걸어 다니곤 했고 지금도 연희동 집에서 합정역까지는 웬만하면 걷는다. 얼마나 걸리는지 궁금하고 그저 걷고 싶어 명동에서 역삼동까지 걸은 적도 있다. 한때 탭댄스를 배워 소박한 공연을 몇 번 했고, 재미 삼아 왈츠와 차차차 종목으로 댄스스포츠 대회에 참가했다. 고등학교 때는 타의로 태극권을 배웠다. 특별활동으로 요리를 배우고 싶어 가사반을 신청했더니 마초였던 담임이 "뭐? 가사반? 넌 태극권 해!" 하고 강제로 시켰다. 교내에서 활동하는 깡패 애들이 대거 태극권반에 몰렸다. 돌이켜 생각하니 의외로 귀여운 녀석들이었나 보다. 서로 앙숙인 패거리가 무술을 배우겠다고 전부 한 반에 모인 이색적인 사건을 놓칠세라 모인 애들로 교실 앞이 웅성거렸다.
"태극권은 여러분이 생각하는 그런 무술이 아니다. 체조나 다름없으니 싸움 배우러 온 사람은 탈퇴를 권한다. 지금부터 내 동작을 따라 하되 최대한 느리게, 여러분이 할 수 있는 한 가장 느린 속도로 따라 하도록."
첫 동작은 선 자세에서 두 팔을 서서히 앞으로 뻗어 어깨높이까지 올리는 것이었다. 얼마나 느리고 미묘한 동작인지 따라 하다 도중에 조는 애들이 있을 정도였다. 뭐든지 느려 터진 나는 잘 따라 한다는 이유로 반장이 되었고 싸움 배우러 온 애들은 다음 시간부터 보이지 않았다. 나는 너무 느려서 다른 애들과 맞추려면 오히려 서둘러야 했다. 시간 감각이 그토록 다를 수 있다는 걸 깨달았다.

태극권이 실전 격투기로 얼마나 뛰어난지 알리고 싶은 무술인이 주인공으로 나오는 〈맨 오브 타이
치〉(2013)라는 영화가 있다. 무술의 경지에 올랐다가 자신을 다스리지 못해 유혹에 빠지고 그 덫에
서 허우적대다 결국 올바른 궤도를 찾는다는 다소 뻔한 줄거리다. 뻔해도 무술 영화를 찾는 이유는
몸의 움직임을 보는 게 좋아서다. 이젠 별로 재미없지만 익살스러운 안무로 가득한 성룡 영화의 엔
딩 타이틀에 나오는 NG 장면은 놓쳐서는 안 되는 볼거리였다. 믿을 수 없는 방식으로 몸을 움직이
는 〈옹박〉(2003)을 보면서는 그런 동작이 가능하도록 몸을 단련한 인간의 의지에 감탄했다. 제목도
줄거리도 생각나지 않는 오래된 무술 영화의 한 장면은 지금도 생생하다. 어떤 사건으로 부모를 잃
은 아이가 소림사로 흘러 들어간다. 주지는 아이에게 단 한 가지를 당부한다. "이 나무는 네가 온 날
심었다. 너희 둘은 친구다. 앞으로 이 길을 지날 때마다 반드시 나무를 뛰어넘어 다니거라. 매일 보
러 오지 않으면 나무가 얼마나 외롭겠니." (대사는 내가 지었지만 대략 그런 메시지였다.) 묘목은 어린아
이가 쉬이 뛰어넘을 정도로 작다. 주지의 당부대로 아이는 매일 묘목을 뛰어넘어 다닌다. 세월이 흐
른다. 아이는 성인이 되고 묘목 역시 거대한 나무로 자란다. 아이의 점프력은 나무와 함께 성장해
수 미터를 훌쩍 뛰어오르는 내공이 생겼다. 갑자기 하려면 불가능한 일도 지속적이고 점진적인 수
련으로 가능해지기 마련이다. 시간과 노력을 들여 꾸준히 하기.

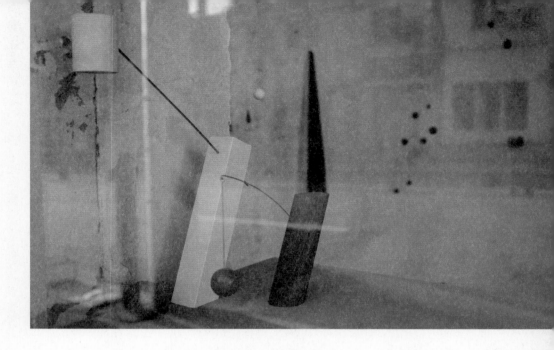

무술 영화만큼 춤 영화에서도 유연한 몸동작이 주요 '캐릭터'다. 〈사랑은 비를 타고〉(1952)에 나오는 모든 춤 장면을 긴장감으로 땀을 흘리며 몸을 곧추세워 봤다. 영화가 끝났을 땐 현란한 사유를 펼치는 철학책을 읽은 기분이었다. 글이 정신으로 추는 춤이라면 동작은 몸으로 펼치는 사유다. 몸과 정신은 서로 단련시키는데 이는 순차적으로 일어나는 일이 아니라 한 땀 한 땀 맞물려 일어나는 일이다. 반드시 한 땀씩 서로 얽히지 않으면 나중에 올이 다 풀리고 만다. 운동 부족으로 시달리는 주제에 몸과 정신의 경지 운운하자니 뭐랄까….

걷기에 대해서라면 조금 더 써도 될 것 같다. 몇 해 전 지리산을 종주했다. 종주보다 보름에 걸쳐 등산 장비를 마련하는 과정이 더 재미있었던 것 같기도 하지만. 내내 무거운 짐을 짊어진 채 단지 걸었을 뿐인데 무념무상의 여유와 긴장 상태를 넘나드는 흥미진진한 시간이었다. 내 상태를 유지하려고 애쓰는 반복적인 몸의 움직임이 정신에 긍정적인 영향을 끼치는 것 같았다.

"눈을 감고 똑바로 걸어 보세요. 잘 안 될 거예요. 그래도 내 몸이 직선으로 나아간다고 상상하면서 걸으세요. 뒤꿈치부터 엄지발가락 끝까지 발 전체로 땅을 느끼면서요."
똑바로 걸었다고 생각했는데 눈을 뜨면 한 걸음쯤 옆으로 이동한 위치였다. 내 정신과 몸도 완전히 연결하지 못하면서 뭘 하겠다고 매일 바둥거리는 걸까 하는 얄팍한 생각도 든다. 시력을 잃은 후 신체의 다른 감각이 극도로 활성화돼 초능력을 발휘하는 캐릭터는 충분히 상상할 수 있을 만한 소재다. 순간적으로 에너지를 가동해 딱 팔 길이만큼 뻗은 주먹으로 상대를 몇 미터씩 날려 보내는 이소룡의 영상을 보면 마냥 허무맹랑한 상상만은 아닌 것 같다. 꾸준히 갱신되는 운동 신기록처럼, 절대로 안 움직이던 내 엄지발가락이 불과 운동 서너 회만으로 움직인 것처럼, 생각과 몸의 동기화가 조금씩 더 원활해지고 상상의 힘이 조금씩 더 뿌리를 내리면 장풍도 가능해지지 않을까?

Shall We Go To
Oreum Together?

오름에 같이 갈래요?

오름 이야기를 하려고 한다. 나에게 오름은 바다만큼 좋은 곳이고, 기분 전환을 할 수 있는 휴식처이며, 친구들에게 제주를 소개하며 꼭 데리고 가는 곳이다. 하지만 이 이야기는 이미 충분히 했다. 이번엔 나의 오름 말고, 그들의 오름에 대한 이야기다. 그들이 오름에 오르는 이유. 단수인 '그'가 아니고 복수인 '그들'인 이유.

글·사진 정다운

혼자서는
가기 힘든 곳

이제 오름 이야기는 흔하다. 어떤 오름은 결혼식 사진 촬영 장소로 유명해져 입구부터 드레스와 턱시도를 입은 커플로 가득하고, 어떤 오름은 보름달이 뜨는 저녁이면 진입로가 막혀 교통정리를 위해 경찰이 출동하기도 한다. 피크닉 세트를 빌려 와 사진을 찍는 여행객이 많은 곳도 있으며, 주차장에 푸드트럭이 여러 대 세워져 있는 오름도 있다. 사람들의 걸음이 잦아진 탓에 생태 환경이 훼손되어 정상 주변을 통제하는 휴식년을 실시하는 오름도 생겼다.

그래도 오름을 또 한 번 소개하자면, 오름이란, 제주도 한라산 기슭에 있는 기생화산을 말한다. 제주도에만 있는 단어로, '오르다'라는 의미가 있는 제주 사투리. 제주 어디서나 아주 흐린 날만 아니면 오름을 볼 수 있다. 제주도 전체에 오름은 368개 정도 있다고 알려져 있다. 하루에 하나씩 올라도 1년 안에 다 오를 수 없다. 제주에서 산 지 7년 남짓. 그동안 가본 오름은 열 손가락 안에 꼽는다. 백약이오름, 용눈이오름, 새별오름, 따라비오름, 아부오름, 윗세오름, 말미오름, 다랑쉬오름, 아끈다랑쉬오름, 지미봉, 산굼부리, 수월봉, 성산일출봉 정도. 어, 하나씩 세다 보니 열 손가락이 넘어간다. 내 예상보다는 꽤 많은 오름을 올랐지만, 결국 368개 중 13개. 많지 않다.

억새가 좋은 계절이면 그 풍경을 즐기기 위해 오름에 올랐고, 달이 밝은 날엔 가까이서 달을 보러 오름에 갔다. 친구들이 여행을 오면 필수 코스로 오름을 찾았다. 하지만 한 번도 혼자 간 적은 없다. 혼자 바다도 가고, 공연을 보고, 영화도 보고, 식당에 가서 밥도 먹는다. 하지만 혼자 오름을 오른 적은 없다. 혼자 밥 먹는 것보다 난도가 높은 일. 바다보다 오름과 더 가까운 중산간에 살면서도 그렇다.

최근 나의 지인은 혼자 오름에 갔다가 말 그대로 '변태'를 만났다. 다시는 혼자 가지 않겠다고 SNS에 글을 올렸다. 내 다른 친구는 오름에 혼자 갈 때마다 주머니에 칼을 하나 넣고 간다고 했다. 칼날도 조금 꺼내 놓는단다. 위급 상황에 그 칼을 적절하게 사용하기는 물론 쉽지 않겠지만 그래야 안심이 된다. 이건 오름의 잘못도 아니고 내 친구들의 잘못은 더욱 아니다. 하지만 그들은 다시는 혼자 가지 않겠다고 결심하거나, 무기를 들고 오름을 오른다. 평화롭기 짝이 없는 제주의 푸른 오름에 오르며, 용기를 내야 한다.

오름에 가기 위해 모인 사람들

일주일에 두세 번은 꼭 오름에 가는 친구가 있다. 매번 혼자서 가나 싶었는데, 알고 보니 회원이 모두 여성인 '오름 모임'에 속해 있다고 했다. 혼자 가기 힘든 오름에 같이 가자고 모인 사람들이란다. 조금 관심이 생겼다. 하지만 모임 같은 건 내 성미에 맞지 않는다. 특히 모르는 사람들이 모인 모임이라니 생각만 해도 불편하다. 그 친구를 만날 때마다 오름 모임 이야기를 조금씩 듣게 되었다. 단체 채팅방에서 모임이 이루어지며 "○○오름 갈 사람" 하고 모집해 세 명 이상 모이면 출발한다고 한다. 보통 여럿이 모인 채팅방에서는 사담이 난무하기 마련인데, 여기서는 오름 이야기만 한단다. 점점 이 모임이 궁금해졌다.

"너네 오름 모임을 취재하고 싶은데, 좋아하지 않으실 것 같지?"

"아무래도 조심스러워하는 분들이 많을 것 같아요."

하지만 한 번 매혹된 마음은 사라지지 않는다. 고민 끝에 며칠 뒤에 다시 물었다.

"혹시 취재 가능할지 모임에 물어봐 줄 수 있어?"

친구가 속한 오름 모임 '소오름'에 정식으로 취재 제안을 했고, 소오름 회원 열다섯 명은 논의 끝에 투표로 취재 여부를 결정하기로 했다. 과반수 찬성이면 된다고 했지만 만장일치이어야 회원들도 나도 마음이 편할 것 같아 투표 기간인 만 하루 동안 조금 떨며 기다렸다. 투표 결과, 아홉 명이 투표했고, 모두 찬성!

"화요일 11시 물영아리오름 앞" 장소가 정해졌다. 미리 검색해보니 탐방로는 두 가지로, 경사가 심한 계단 길과 둘레를 돌아 오르는 능선길이 있다고 한다. 그중에서 천 개에 육박하는 계단으로 이루어진 계단 길은 꽤 힘든 코스라고들 했다. 평소 등산을 잘 못 하는 편이고 걸핏하면 넘어지는 내가 처음 보는 사람들과 오름을 오르며, 취재하고, 사진도 찍어야 한다! 전날 밤엔 꿈도 꿨다. 듬성듬성 놓인 계단 옆으로 낭떠러지가 펼쳐져 있었고, 마치 흔들 다리를 지나듯 아슬아슬하게 계단을 건너는 꿈.

모두 여덟 명이 참석했다. 당연히 모두 여성이고, 20대 후반으로 보이는 사람부터 50대 초반으로 보이는 사람까지 연령대는 다양해 보인다. 가볍게 인사를 나눈 회원들은 우선 능선길을 선택해 앞서거니 뒤서거니 오름을 올랐다. 표지판 앞에 서서 오름 소개 글을 천천히 읽기도 하고, 미리 오름 공부를 해오는 편이라는 한 회원이 조금 더 상세히 설명을 덧붙이기도 한다. 노루를 만나면 반갑게 인사를 하고, 중간에 잠시 멈춰 각자 준비해 온 초콜릿과 귤, 커피를 나눠 마시기도 했다. 그 사이 회원들 사이에서 오간 대화는 주로 모레 오를 한라산에 대한 이야기였다. 한라산 등산은 아무래도 어려울 것 같아 주저하고 있는 회원을 다른 회원이 같이 갈 사람이 있을 때 가야 한다며 설득했고, 자녀 하원 전에 하산을 완료해야 하는 회원은 등반 시간을 계산했다. 그리고 꽤 가파른 계단 길로 내려오는 동안은 다들 말수를 줄이고 발아래만 보며 오름을 내려온다. 서로를 배려하며 걷는 회원들 사이에서 나도 어렵지 않게 오름을 오르고 내려올 수 있었다.

회장님 옆을 걸으며 궁금한 것들을 물었다. 소오름은 '소규모 오름 모임'의 준말로, 처음엔 지역 카페를 통해서 모인 서너 명으로 시작되었다고 한다. 보통 일주일에 네 번 정도 오름에 가는 편이고, 그중 각자 일정에 맞는 날에 참여하면 된다. 처음에는 규칙이 딱히 없었지만 모임이 지속되고 회원이 늘며 몇 가지 규칙이 생겼다. 한 달에 한 번은 꼭 참석할 것. 혹시 제주를 떠나게 되면 바로 탈퇴할 것 등등.

회원들이 모임에 가입한 이유는 하나, 오름. 제주에 사는 동안 최대한 제주를 경험하고 싶었다고 했다. 처음엔 오름 하나 오를 때도 힘겨워하던 사람들도 이제는 오름 두 개쯤 끄떡없이 오르기도 하고, 체중이 많이 줄어든 회원도 있단다. 그들은 꾸준히 오름을 오르며 체력이 좋아졌다고 입을 모아 말했다. 제주를 걸으며 건강해지다니. 이보다 좋은 제주살이가 있나.

더 많은 '소오름'이 생겼으면

친구가 말한 적이 있다. 회원들은 대부분 '엄마'들이고, 등교와 하교 시간 사이에 오름 모임이 시작되고 마무리된다고. 그런데 아이 이야기는 잘 하지 않고, 주로 자신에 대한 이야기를 한단다. 단 하루였지만 오름을 함께 걷는 동안 나 역시 회원들의 나이도 자녀 유무도 궁금하지 않았다. 그러고 보니 내 친구와도 그렇다. 친구는 자녀 이야기를 잘 하지 않는다. 아이의 나이와 이름도 나는 잘 모른다. 하지만, 친구가 어떤 음식을 좋아하고, 지금 어떤 책을 읽고 있으며, 동물을 얼마나 사랑하는지는 잘 알고 있다. 많은 사람이 모여 서로의 신상을 캐는 자리를 불편해 하는 편인 나는, 물영아리오름 계단을 하나씩 걸어 내려오며 이 담백한 모임에 함께하고 싶다고 생각했다.

하지만 소오름은 열다섯 명으로 충분하다. 더 많아지면 단체가 되고 단체는 개인에게 피해를 줄 수밖에 없다. 개인과 단체 사이 적당한 숫자의 제2, 제3의 소오름이 생기면 좋겠다고 생각했다. 그러면 나는 오늘도 몸을 일으켜 오름을 걸을 텐데, 함께 걸으면 편안한 사람들 사이에서 안전한 마음으로 겨울의 오름을 걸어 올라갈 텐데.

We Have A Healing Space

집과 함께 움직이는 시간

오늘의집 @todayhouse 자신의 공간과 살림 기록할 수 있고, 제품 구매와 리모델링 서비스까지 모두 이용 가능한 '원스톱 인 테리어 플랫폼'. 누구나 쉽고 재미있게 자신의 공간을 만들어 갈 수 있도록 도와주며, 집을 꾸미는 방식을 새롭게 정의합니다.

운동하는 사람들의 집엔 화려한 운동 기구가 가득 채워져 있을 줄 알았다. 운동을 마음껏 할 수 있는 공간을 따로 두었을 거라 상상했다. 환경이 갖춰져야 운동을 할 수 있다고 생각했다면 크나큰 오산. 균형을 잡아 일상과 운동의 경계를 허무는 사람들의 집은 공통의 이야기를 담고 있다. 그것은 바로 '치유'라는 것.

에디터 김지수 사진 이의현, 민혜정, 신연희

어제의 집

이의현 | 용인 | 전원주택

어느 노부부의 별장은

식물을 좋아하지 않던 사람이 풀이름을 알아보며 어떤 꽃을 심을지 고민하기 시작했다. 마당
에서 보내는 시간은 늘어가고 집 안에 작은 자연을 천천히 채워 가기로 한다. 오래된 전원주택
을 가꾸며 산다는 것은 이렇듯 사소하고 자연스러운 변화를 불러오는 일이다. 사람은 드물고
자연이 많은 전원에서 보살핌이 필요한 집에 산다는 것. 어쩌면 조금 더 동적인 일상과 부지런
한 습관을 가꿔가는 일이다.

"저희가 이사 오기 전에 이 집은 어느 노부부의 별장으로 쓰이고 있었어요. 사람이 항상 있는
집이 아니었죠. 그래서 2층 바닥엔 아무도 밟은 적 없는 뽀얀 먼지가 두껍게 쌓여 있었어요.
왠지 차갑고 어둑한 기운까지 느껴졌죠. 세 식구가 살기엔 너무나도 큰 집이 버겁게 느껴지기
도 했고요. 천천히, 거리를 두고 우리 가족만의 온기를 채워 가는 시간이 필요했어요."

어느새 집에서 처음 느끼던 낯선 기운은 점점 사라져 갔다. 집과 친해지려는 노력이 공간에 깃
든 것일까. 그녀는 자신의 마음에 생긴 변화가 집을 바라보는 시선 역시 바꿨다고 말한다. 한
사람에게 일어난 내면의 움직임이 어떻게 집 안의 풍경을 바꿔 갔을까. 그 과정이 궁금해진다.

오늘의 집

집과 나를 보살피는 일

"도심과 떨어진 곳으로 이사하기까지 많은 망설임이 있었어요. 불편함보다는 제 건강이 걱정이었죠. 아주 오래전부터 섬유근통증후군을 앓아 왔거든요. 일반인보다 체력이 현저히 떨어지고, 구급차를 타고 응급실에 가야 하는 일도 종종 있었어요. 그래서 더욱 이사를 결정하는 일이 어려웠지만 다행히 이 집으로 오고 나서 위급한 일은 생기지 않았고, 도움을 받을 이웃이 근처에 있다는 사실이 참 든든하게 느껴져요."

먼지가 자욱했던 2층 방은 생기로 가득 찬 공간이 되었다. 식물도 키우고 요가 수련도 하며 푸릇한 생명력을 방 안에 채웠기 때문이다. 가장 가까운 요가원, 스스로 만든 운동 공간인 만큼 건강한 움직임을 위한 시간은 계속 늘어만 간다. 오늘의 2층 방은 욕심을 내려놓고 자신의 한계와 마주하는 공간이 되었다. 그런 날들은 매일 조금씩 모여 커다란 결실을 맺어간다. 요가를 통해 몸의 동작, 근육의 움직임을 배워가는 것. 그 모든 일이 애정 어린 공간에서 이루어지는 순간. 2층 방 창문 밖으로 보이는 노을의 풍경처럼 서서히 익어가는 시간이다.

내일의 집

아픔은 멀리멀리

어느 오후, 해가 저물어 가는 고요한 시간에 그녀가 요가 하는 풍경을 상상해 본다. 정을 주어
다듬어 가는 공간, 그 가운데 움직이는 천천한 동작, 새순을 틔는 작은 식물들까지. 집과 사람
이 서로를 보듬어 가는 풍경이 여기에 있다. 아팠던 날들은 점점 멀어져 어느새 지나간 기억이
되어 있을 것이다.

"이 집에 살면서 좋은 일이 많았어요. 저는 건강해지고 있고, 새로운 가족 멍돌이를 맞이하기
도 했고요. 그래서 더욱 이 집이 좋아졌을까요. 우리의 공간을 가꿈과 동시에 요가를 하며 스
스로와 알아보는 시간을 만들기도 했어요. 시간이 지나도 여기에서 계속 살고 있을지는 모르
겠지만, 하루하루 집을 아껴주는 마음으로 머물고 있을 거예요. 혹시나 저와 같은 병으로 고생
하는 사람이 있다면 저의 이야기가 힘이 되었으면 해요."

몸과 마음을 깨우는

따뜻한 보이차를 내려 마시며 스트레칭으로 몸의 근육과 정신을 풀어 시작하는 아침. 사는 사람의 취향이 배어나 안락한 집. 9년째 필라테스 강사로 일하고 있는 혜정은 늘 한결같은 운동 루틴을 지키며 집과 자신의 온도를 따뜻하게 만들어 가고 있다. 집 안에 커다란 운동 기구를 따로 두지 않아 부담스럽지 않은 운동 시간을 만든다. 눈에 보이는 곳에 작은 운동 기구를 두고 건강한 습관을 유지하려 한다. 차분히 정돈된 거실, 커튼 사이로 은은하게 들어오는 햇빛. 그 안에 천천한 동작으로 몸과 마음을 깨우는 시간이 있다. 계절이 바뀌어도 변하지 않을 그녀의 하루하루는 집 안 곳곳에 물들어 오래도록 남을 것이다.

즐거움 그 자체

피트니스 모델 활동을 하며 만난 두 사람. 웨이트 트레이닝을 즐기는 부부의 집은 활기로 가득하다. 편안한 집 안 풍경과 함께 운동하는 일상 역시 이어간다. 거실엔 초록 식물과 책이 나란히 꽂힌 원목 책장의 정적인 풍경도 함께 있다. 부부에게 운동은 즐거움 그 자체다. 운동 도구도 없이 맨몸으로 운동하는 것은 물론, 아이들과 함께 레그프레스, 푸시업, 등에 태우고 하는 스쿼트까지. 매일 놀이처럼 하는 운동에 관한 호기심이 마구 생겨난다. 부모와 아이가 함께 움직이는 날들. 그 모든 순간이 모여 가족의 일상은 더욱 튼튼해진다.

Maybe
Tomorrow

픽 쉬고 내일부터 움직일 거야

부지런히 땀 흘릴 내일의 나를 위해 오늘은 맘껏 쉬기로 했다. 드러누
운 김에, 다부진 몸과 마음을 위해 준비해 둔 아이템들을 소개한다.

에디터 하나

군살을 감싸주는
운동복은 없을까

화사한 마음으로 샀다가 화만 남은 보라색 레깅스 이후로 나는 검은 레깅스를 고집해 왔다. 컬러풀한 레깅스 위로 도드라져 보이는 군살이 얄밉고 민망해서다. 슬림해 보이는 것은 고사하고 몸에서 겉돌지 않는 차분한 색감의 레깅스는 없는 걸까?

톤오브유Tone Of You는 편안하고 아름다운 움직임을 위한 스킨웨어 브랜드다. 필라테스 전문 강사를 겸해 온 디자이너가 여성의 다양한 신체 라인을 고려해 직접 설계한다. 레깅스는 Y존을 커버하고, 힙 라인과 울퉁불퉁한 굴곡이 부각되지 않도록 봉제선을 줄였다. 브라탑은 격렬한 움직임에도 피부에 편안하게 밀착하는 라이크라 스판을 사용하고, 평상시 이너웨어로 착용할 수 있도록 등 라인을 우아하게 보여주는 스트랩 포인트를 주었다. 톤오브유의 스킨웨어는 연한 베이지부터 브라운까지, 파운데이션 호수를 고르듯 내 피부 톤과 자연스럽게 어우러지는 색상을 고를 수 있다.

#skin3 스킨웨어
Brand 톤오브유 **Price** 브라탑 49,000원, 레깅스 58,000원
Shop toneofyou.com

최상의 휴식에도
유니폼은 필요해

집에서 보내는 시간이 길어진 요즘, 잘 차려입고 나가는 것만큼이나 집에서의 차림이 중요하다고 느낀다. 아무렇게나 입고 혼자 커피를 내리다 거울 속 나와 마주쳤을 때, 집 안이 순식간에 '잉여'의 현장으로 보인 것이다. 미처 버리지 못한 티셔츠에 고무줄 늘어난 냉장고 바지 차림의 내게 물었다. 너만의 시간을 대충 보내고 있는 건 아니지?

하염없이 뒹굴뒹굴할 뿐이더라도, 집에서 입을 편안하고 예쁜 유니폼이 하나쯤은 필요하다. 특히 쌀쌀한 계절에는 더. 포근한 휴식에 가장 어울리는 옷이 있다면 플란넬 파자마가 아닐까. 게다가 입는 것만으로도 기분 좋아지는 패턴이 얹어져 있다면 더할 나위 없다. 드파운드Depound는 좋은 소재와 감성적인 디자인으로 일상에 분위기를 더하는 제품을 만든다. 베이지 체크 파자마는 보드랍고 가벼운 플란넬 옷감에 코튼 파이핑과 브라운 단추로 세심한 포인트를 더했다. 매일 입어도 질리지 않을 클래식한 파자마 한 벌로 집에서의 시간이 좀더 아늑하고 충실해지는 기분을 느낄 수 있다.

파자마 세트 - 베이지 체크
Brand 드파운드 **Price** 145,000원 **Shop** depound.com

발끝까지
우아한 나를 상상하며

사람들과 맘껏 부대끼는 날이 다시 오면 무용을 배우고 싶다. 하늘하늘한 원피스에 하얀 타이츠, 발끝과 손끝을 세우고 그리는 곡선. 나는 그 우아한 몸짓에 빌리 엘리어트마냥 속수무책으로 끌린다. 그러니 오늘도 침대에 누워 다리를 쭉 뻗고 발등에 힘을 준다. 포인, 플렉스, 포인, 플렉스. 뻣뻣하고 투박한 나의 몸이 유연한 곡선을 그리는 날을 상상하며.
블럭BLOCH에는 밸런스 유로피언, 헤리티지, 서레인 V, 에스퍼레이션, 알파까지 다섯 종류의 토슈즈가 있다. 그중 헤리티지 토슈즈는 러시아 전통 토슈즈에 영감을 얻은 V형 곡선으로 발을 날렵하게 보이게 한다. 사람마다 발 모양과 발목 힘이 달라 매장을 찾아 피팅해 보고 구매하는 게 좋다. 여기까지가 발레의 상징 '토슈즈'의 간략한 설명이다. 다만, 나처럼 공중에 발을 뻗으며 발레를 '꿈만 꾸는' 이들에게는 토슈즈 모델을 고민하기에 앞서 전문가의 상담이 필요하다. 가까운 발레 클래스에 가서 입문자에게 필요한 복장(분명 천 슈즈를 사게 될 것이다) 얘기를 듣도록 하자.

헤리티지 토슈즈
Brand 블럭 **Price** 73,000원 **Shop** grishkokorea.com

노곤한 마음을
녹이는 숲 내음

온욕을 즐기는 이들에게는 올겨울이 혹독하다. 여느 때보다 자주 또 꼼꼼히 몸을 씻어내지만, 흐르는 물에 씻어내는 것으로 풀리지 않는 노곤함이 있는 법이다. 추위까지 더해 몸 구석구석이 뻐근해지는 계절이 되니 온천 여행과 대중목욕탕이 이렇게나 아쉽다.
이럴 때 위로가 되는 건 좋아하는 향에 둘러싸인 족욕이다. 가볍게 발목까지, 가끔은 무릎까지. 뜨끈한 물에 짙은 나무 향 배쓰 솔트를 풀면 자그마한 욕실에 숲 내음이 차오른다. 소금이 녹아 매끄러워진 물 밑으로 발을 꼼지락댈 때면 고단한 마음마저 녹는다. 히노키랩은 천연 히말라야 핑크 솔트에 히노키 에센셜 오일을 블렌딩해 좋은 향은 물론 피부와 스트레스 해소에 도움이 되는 배쓰 솔트를 만든다. 그중 핑크 우드 솔트는 히노키의 줄기를 골라 추출한 정유를 함유해 묵직하고 차분한 숲 내음과 함께 삼림욕 효과를 얻을 수 있다. 히노키랩 제품에는 화학 성분이 첨가되어 있지 않아 아이와 노인도 사용할 수 있으며, 민감한 피부에도 자극을 주지 않는다.

배쓰 솔트 – 핑크 우드
Brand 히노키랩 **Price** 45,000원 **Shop** hinokilab.co.kr

BATH SALT

hinoki
L A B

HINOKI PINK WOOD

안전하고 예쁘면
안 쓸 이유가 없지

회사와 집 사이 거리의 애매함을 설명할 길이 없다. 자전거나
자동차가 아니면 안 되겠다는 생각이 들어 저렴한 쪽을 샀고,
그렇게 나의 균형감과의 사투가 시작되었다. 자전거 따위 발
만 구르면 곧장 가는 줄 알았건만, 나는 걸릴 것 없는 길에서
자꾸 혼자 넘어졌다. "아무래도 헬멧 없이는 안 타는 게 좋겠
어." 딸이 달고 온 멍을 보며 아빠가 말했다.
자전거와 전동 킥보드 같은 공유 모빌리티가 흔해지며 헬멧
의 중요성을 이야기하는 목소리도 커졌다. 그러나 헬멧을 챙
겨 다니는 사람은 드물다. 들고 다니는 게 번거로운 데다, 꼴
뚜기 왕자처럼 우스꽝스러워지니까. 이런 이유에 공감하며
따우전드Thousand는 '어반 헬멧'을 만들었다. 클래식한 모
양에 모던한 배색을 갖춘 따우전드 헬멧은 안전성, 사용성,
비주얼을 모두 고려한다. 충격에 머리를 보호하는 패딩 쿠션
과 공기 순환을 위한 벤트, 한 손으로 쉽게 헬멧을 쓰고 벗을
수 있게 하는 마그네틱 버클을 사용하며 자전거의 잠금 장치
와 함께 연결해 잠글 수 있는 팝 락Pop-Lock을 갖추고 있다.
안전을 포기하게 되는 이유를 해소해 더 많은 사람이 자신을
보호하게 하고자 하는 것이 브랜드의 메시지다.

헤리티지 콜렉션 – 따우전드 네이비
Brand 따우전드 **Price** 130,000원 **Shop** thousandkorea.com

아무에게도
보여줄 수 없는 자세로

거실에선 푹신한 의자로, 침대 위에선 등받이 쿠션으로, 한가
득 끌어안으면 노트북 테이블로. 없을 땐 몰랐다가 한 번 사
용한 후에는 포기할 수 없게 된 물건, 빈백이다. 원하는 모양
으로 만져 사용할 수 있는 커다란 주머니는 마법의 소파다.
폴리몰리는 귀여운 모양을 하고 있지만, 막상 기대앉아보면
몸의 모양에 맞춰 자유롭게 움직인다. 특히 701 모델은 부
피가 커 키가 큰 사람도 거뜬히 몸을 뉘일 수 있는데, 그에 비
해 무게가 가벼워 들고 옮기며 사용하기 좋다. 빈백은 집 안
이곳저곳에 끌고 다니며 사용하는 만큼, 청결하게 관리하기
쉬운지를 고려해 구매하는 게 좋다. 폴리몰리는 내장재에 세
균이 번식하지 않도록 통기성이 높은 메쉬 커버를 사용하고,
커버는 분리해서 세탁할 수 있게 했다. 일반적으로는 메쉬
커버를 추천하지만 반려동물과 사는 집에서는 방수 속커버
옵션을 추가하는 것도 좋다.

빈백 #701
Brand 폴리몰리 **Price** 229,000원 **Shop** pollimolli.com

순간의 교감

세상에 없는 마을

"국민체조, 시작!"

글 이주연   일러스트 휘라

잿빛의 나라

내 마지막 여행은 2019년 8월 끝물이었다. 온도와 습도가 적잖이 높아 비행기에서 내리자마자 숨을 헉, 삼키게 하던 곳. 공항에 도착하자마자 제일 먼저 한 말은 "회색이네."였다. 채도가 낮은 이곳은 여행자의 소란한 마음에서 색을 싹 빼는 데 탁월한 소질이 있었다. 그렇다고 맥이 빠지거나 기대감까지 말갛게 세탁해 버렸다는 의미는 아니다. 그도 그럴 것이 이 잿빛 나라엔 이상한 활기가 있었다. 묵직한 공기가 머리에 닿을 듯 닿지 않은 채 너울댔고, 적당한 소음에선 묘한 리듬이 느껴졌다. 침묵이 얽혀 만든 나지막한 웅성거림. 묘했다. 대만 타이중의 첫인상은 꼭 그랬다.

첫 끼는 대만 가정식이었다. 여행지에선 웬만하면 공들여 음식을 차려내는 식당엔 잘 가지 않지만 이번 여행은 좀 달랐다. 부모님과 함께였기에 첫 끼는 정성스럽게 대접받고 싶었다. 한국어, 영어, 일본어, 중국어, 번역기를 돌려가며 찾아낸 작은 식당. 그곳이 첫 번째 목적지였다. 세련된 레스토랑도 아니고 허름한 노포도 아닌, 한 끼를 내주어도 정성을 담는다는 인상이 강해서 마음에 들었던 식당. 더운 공기를 뚫고 찾은 2층짜리 가게는 소담스러웠다. 입구에는 들꽃이 무리 지어 놓여 있었고 작은 부분까지 신경 썼다는 게 느껴져서 더운 웃음이 났다. 우리는 각기 다른 덮밥 세 종류와 먹음직스러워 보이는 음료를 시키고는 음식이 나오기를 기다렸다. 점심때가 지났고, 날씨가 더워 모두 지쳐 있었다. 아빠는 20여 분 미지근한 물만 들이켜다가 멋쩍게 웃으며 한마디 했다. "한국이었으면 벌써 사람들 여럿 항의했겠다, 그치?" 이렇게 에둘러 표현하는 건 착한 아빠가 불평할 때 택하는 방식이었다. 한국에선 얼마 하지도 않는 불평을 꼭 여행지에서, 첫 끼를 먹기 전부터 해야 했나 싶어 애써 식당을 알아온 나는 부아가 났다. 웃어넘길 수 있던 말에 괜히 "한국도 이렇게 시간 들여 내어 주는 곳이 많다."면서, "타이중에 왔으면 타이중 문화에 따라 달라."고 새침데기처럼 말했다. 말하자마자 미안해졌지만 이미 뱉은 말을 어쩔 순 없었다. 나는 말이 끝나기 무섭게 패션프루츠 티를 슬쩍 아빠 앞으로 밀었다. 타피오카 펄이 바닥에 알알이 쌓여 있는, 기분이 좋아지는 음료였다. 그래도 첫 식사는 좋았다. 보통의 가정식이 그렇듯 아주 특별하진 않지만 건강히 먹었다는 안도감이 들었고 배도 꽤나 불렀다.

늦은 점심을 먹고는 숙소로 가기 위해 버스를 탔다. 나는 여행자 특유의 긴장감을 안고 안내 방송이 나올 때마다 구글맵에 표시된 정류장 이름과 비교했다. 서른 정거장 이상을 이동해야 했기에 한 정거장이라도 놓치면 마음과 정신이 바빠질 터였다. 긴장을 놓치지 않고 눈과 귀에 온 신경을 집중했다. 아빠는 늘 여행을 주도하던 당신의 역할을 딸이 바짝 긴장한 채 하고 있는 게 못내 미안했는지 나보다 더 열심히 안내 방송에 귀 기울였다. 그걸로는 안 되겠는지 불현듯 입을 뗐다. "这是哪里(여기 어디에요)?" 독학으로 익힌 짧은 중국어로 옆에 서 있는 여학생에게 더듬더듬 물은 것이다. 과연 저 말이 자연스럽게 들릴까 싶었는데 소녀가 화답하듯 말했다. "어디로 가시는데요?" 유창한 한국어였다. 그녀의 가방에 달린 키링에서 BTS라는 글자가 발광했다. 다음과 다다음, 다다다음이라는 단어까지 무리 없이 구사하는 그녀 덕분에 우리는 별 어려움 없이 숙소에 도착했다. 소녀의 한국어는 놀라웠다. 어렵지 않게 당도한 숙소 역시 놀라웠다. 예약 사이트 사진과는 영 딴판인, 낙후한 호텔이 눈앞에 있어 몇 번이나 이름을 확인해야 했으니까.

몸짓과 교감

타이중엔 에어컨이 귀했다. 떠나기 전 지인들에게 들어온 대만은 일본과 아주 비슷하지만 분명
히 일본은 아닌 나라, 습도도 온도도 높지만 어딜 가나 빵빵한 에어컨이 있기 때문에 온도 차에
감기를 조심해야 하는 나라였다. 하지만 타이중은 일본과 그 어떤 점도 비슷하지 않았고 그 어
디에도 에어컨은 없었다. 실은 그래서 좋았다. 상상과 다른 곳이라는 점이 특히나 좋았다. 생각
보다 별로인 호텔도 참을 만해서 침대에 누운 채 회색 공기로 숨 쉬고 있으려니 간질간질 잠이
왔다. 곧 저녁 시간인데 이대로 잠들면 분명히 배 속이 복잡해질 것 같아 "옷 갈아입자!" 외치곤
가벼운 차림으로 숙소에서 나왔다. 이제 회심의 산책 코스로 부모님을 안내할 시간이다.
숙소 뒤편에 있는 큼직한 사원, 한국의 그것과는 자태가 꽤나 다른 충렬사에 가보기로 했다. 저
녁 식사 전에 걷기 딱 좋은 코스였다. 그러나 이내 망연자실할 수밖에 없었다. 사원 개방 시각
은 18시까지, 우리 가족이 도착한 시각은 18시 30분. 사원엔 못 들어가도 주변 경관은 제법이
겠지 싶었는데 사원 주변은 온통 차도였다. 대만의 퇴근 시각도 한국과 비슷한지 도로에는 차
들과 스쿠터로 가득 찬 상태였다. 가뜩이나 잿빛인 도시가 한층 더 짙은 회색이 되었고, 내 여
행 노트엔 플랜B가 없어 우왕좌왕하기 시작했다. 어디로 가면 좋을까 구글맵을 뒤적여봤지만
와이파이가 제대로 터지지 않아 적당한 코스를 찾지 못했다. 우리는 아직 배가 불렀다. 곧 저녁
시간이었지만 '기가 막힐 거'라고 호언장담한 야시장으로 직행하기엔 조건이 충분하지 않았다.
맛있는 음식도 맛없게 먹게 될 터였다. 곤란했다. 뾰족한 수가 없어서 그냥… 한국에서 하던 걸

해보기로 했다. 평범한 일상도 새로운 곳에서라면 특별해질 것 같았다. 나는 스마트폰을 열고 영상을 켰다. 커다란 나무에 스마트폰을 가로로 누여 잘 세운 뒤 음량을 조절했다. 귀에 익은 멜로디가 흐르고 세 식구의 눈이 나란히 마주쳤다. 우린 아무 말 하지 않고도 약속이라도 한 듯 적당한 간격을 두고 멀어졌다.

"국민체조, 시작!"

대만에서, 타이중에서, 충렬사 앞에서, 차도 옆에서, 인도 위에서 세 사람은 제자리 걷기를 시작했다. 대만인들은 자전거를 타고 지나가다 고개를 돌려 우리를 보았고, 퇴근길 꽉 막힌 도로 위 차 안에서 고개를 빼내고 우릴 보았다. 장을 보고 지나가던 아주머니도, 퇴근길 청년도, 동네 아저씨도 눈을 동그랗게 뜨거나 게슴츠레하게 뜨는 우릴 보았다. 그때 내 마음이 어땠더라, 대한민국 국가 대표라도 된 양 열심이었다. 신기록을 세울 체조 선수처럼 다부지게 움직였다. 나는 평소보다 한층 더 씩씩한 동작으로 큼직하게 움직였고, 원체 운동을 잘하고 유연한 엄마는 킬킬대며 장난스럽게 움직였고, 아빠는 이게 무슨 상황이냐는 듯 모녀를 번갈아 쳐다보며 커다란 몸을 느릿느릿 움직였다.

달밤의 붉은 체조

제자리 걷기, 숨쉬기 운동, 다리 운동, 팔 운동, 목 운동, 가슴 운동, 옆구리 운동, 등배 운동, 몸통 운동, 온몸 운동, 뜀뛰기 운동, 숨쉬기 운동, 팔다리 운동, 숨 고르기까지. 5분 남짓 몸을 움직이고 나니 벅찬 기운이 마음에 차올랐다. 회색 공기가 한층 산뜻하게 느껴졌고 사원 앞 인도가 마치 우리 집 앞마당처럼 친숙했다. 게다가 늦은 점심으로 먹은 대만 가정식도 기분 좋게 소화되었으니 이 얼마나 완벽한 5분인가. 이제 우리는 야시장으로 향하기만 하면 되었다.

자리를 옮기기 위해 휴대폰을 챙기고 매무새를 정돈하는데, 바로 그 순간 한 아이와 눈이 마주쳤다. 햇빛을 받은 빗방울처럼, 기이할 정도로 반짝이는 눈으로 나를 쳐다보던 꼬마. 우리는 3초, 어쩌면 5초 정도 눈을 맞췄고 아이는 잠깐이었지만 내가 했던 동작을 가볍게 따라 했다. 그건 분명히 '등배 운동'이었다. 동작을 마치고 유유히 멀어지는 아이와 엄마를 보며 생각했다. 저 아이는 어쩌면 체조를 좋아하는 어른이 될지도 모르겠다고. 나는 그 몇 초 되지 않은 순간이 퍽 신비하게 느껴졌다. E.T.가 검지 손가락을 뻗어 인간과 교신할 때 기분이 이랬을지도 모른다고 느낄 만큼이나.

체조를 마친 우리 가족은 택시를 타고 숙소와는 조금 먼 야시장으로 건너갔다. 현지인들만 가는 곳이라고 해서 기대가 컸다. 아빠는 버스에서 대만 소녀와 소통한 게 꽤 만족스러웠는지 택시에서도 짧은 중국어를 계속해서 구사했다. 샹, 송 같은, 쓸 일이 잘 없는 음절이 계속해서 들려오는 게 재밌어서 나는 뒷좌석에서 몰래 킥킥거렸다. 기사는 아빠의 말을 알아들은 것처럼 엄청나게 빠른 속도로 대만어를 읊었는데, 아빠는 그 속도를 따라가지 못하는 것 같았다. 갓 입을 뗀 아이처럼 같은 단어만 몇 번이고 반복하면서 살짝 더듬기까지 했다. 내가 보기엔 의사소통이 전혀 되지 않는 것 같았지만, 알 수 없는 일이다. 나와 꼬마처럼 여기에도 일종의 교신이나 교감이 있었는지도.

야시장은 황홀했다. 사람이 득시글했고 그 많은 사람이 야외 테이블에 아무렇게나 앉아 주문한 음식들을 열심히 먹고 있었다. 에어컨은 (당연히) 없었고, 그 어느 구석도 일본과 비슷하지 않았다. 우리는 먹고 싶은 음식을 몇 가지 골라 '여기에 앉으면 되나?' 같은 말을 한국어로 중얼거리며 쭈뼛쭈뼛 붉은색 테이블에 앉았다. 편의점 앞에서 자주 보이는 플라스틱 테이블이었다. 우린 온종일 굶은 사람들처럼 이것저것 사 와서는 테이블 위에 펼쳤다. 구운 버섯, 국물에 푹 담긴 어묵 꼬치와 양배추 같은 것들, 까만 소스로 버무려진 군옥수수, 델리만주급의 강렬한 냄새가 풍기는 콩알만 한 빵…. 맥주와 수박 주스도 부지런히 마셨다. 덥고 습한 나라여서 맥주가 끝도 없이 들어갈 것 같은 기분이 꽤나 좋았다.

술을 한 잔 마셔서였을까, 아이와의 교감이 여운을 남겼기 때문일까, 나는 야시장 한복판에서 국민체조를 하고 싶다는 엉뚱한 생각에 사로잡혔다. 엄마는 이쑤시개로 구아바를 찍어 먹으며 "어디 한번 해봐."라고 했지만 차마 그럴 순 없었다. 용기가 없어서가 아니라 사람이 너무 많아 체조할 공간이 확보되지 않아서였다. 식사를 마친 우리는 야식으로 먹을 음식을 사서 한아름 안고는 택시를 잡기 위해 길가로 나갔다. 그러나 택시는 좀처럼 잡히지 않아서 오랫동안 다리를 건너고, 도로를 건너고, 횡단보도를 건너면서 팔이 아플 때까지 흔들어야만 했다. 엄마와 아빠가 팔을 흔들며 택시를 세울 때, 나는 온몸으로 택시를 잡아 보겠다며 국민체조를 시작했다. 그때 나는 걸으면서도 국민체조를 할 수 있단 사실을 처음 알았다. 국민체조로 잡은 택시를 타고 별 볼 일 없는 호텔로 돌아왔을 땐 야시장에서 먹은 음식들이 거짓말처럼 소화된 뒤였다.

평론가 부부의 책갈피 　　　　　　　　　　　즐겁게 움직이다가

Moving Happily

당신에게 마지막 인사를 전합니다.

글 김나영, 송종원

나로부터 멀어지는 움직임

잠자는 일이 좋은 이유는 나의 생각 스위치가 오프 상태가 되기 때문일 것이다. 의식의 활동이 줄어들면 내가 나를 괴롭힐 가능성 또한 줄어든다. 잠이 보약이라는 말의 의미를 나는 그렇게 생각한다. 잠자는 동안 신체를 회복하는 기능이 발휘되는 것도 있지만, 실은 내가 나를 의식하고 또 생각으로 나 자신을 괴롭히는 시간에서 벗어날 수 있기 때문에 약이 되는 것이라고. 잘은 모르지만 명상 또한 비슷한 기능을 하는 것이지 싶다. 나의 불필요한 의식 활동을 최소화하는 것. 이렇게 글을 쓰고 있으니 또 잠이 들고 싶다. 깨끗한 이불 하나를 깔고 조도를 낮추고 따뜻하고 적절하게 습도를 맞추고선 옆에는 나와 같이 숨을 쉬는 푸른 화분 하나가 놓인 곳에서 한 사흘 나흘 잠자고 물 마시고 잠자고 멍 때리고 다시 잠자고… 아 생각만으로도 참 달다. 그런데 참 묘하지. 잠과는 정반대의 상황인데 잠과 비슷한 효과를 발휘하는 게 하나 있다. 땀이 나고 숨이 가빠지고 신체의 활동을 최대화하는 동안 우리의 의식은 단순해진다. 많이들 들어본 조언이 있을 것이다. 스트레스가 심할 때는 차라리 몸을 쓰라는 그 말! 아이러니하게도 우리는 그 조언을 충분히 이해하면서도 실천을 하지 못해 또 스트레스를 받는 게 보통이지만 말이다.

초콜릿색 피부에 컬러풀한 경기복, 마른 미역단 같은 머리칼에 짙은 색조 화장, 길게 이어붙인 색색의 이미테이션 손톱으로 그녀는 관중들의 공통된 소실점이 되고 있었다. 탕 소리와 함께 총알처럼 폭발하는 그녀의 본능적인 스타트, 발산하고 발광하는 근육, 그 머리채에 휘감긴 뼈들의 유기적이면서 능수능란한 몸놀림은 소리 없이 차분했고 그래서 더더욱 힘에 넘쳤으며 고지는 순간이었다. 완벽한 어떤 조율의 증거는 저절로 터져 나오는 환한 미소… 오오 축복하노라 대지여… 무릎 꿇고 트랙 위에 입 맞추는 그녀는 오늘도 세상에서 가장 빠른 여자의 역사다.
10초 49
죽어서도 살아 있는
그녀,
詩.

　　　　　　　　　　　　　　　　　　　　　　- 김민정, 〈플로렌스 그리피스 조이너〉 전문

내가 달린 것도 아닌데, 시를 읽는 동안 아드레날린이 분비된 듯 흥분되고 몸에 힘이 들어간다. 오직 한 호흡으로 폭발하여 온몸으로 달려내는 모습은 오롯한 육체의 상태가 되는 시간에 가까울 것이다. 우리의 의식 저편에 밀려나 있던 육체의 쾌락이 몰려와 몸 전체로 환한 미소를 그려낼 것만 같은 '자연'의 시간! 누군가 그런 시간은 상상 속에만 있는 것이 아니냐고 묻는다면, 단연코 아니라고 말할 수 있다. 그리피스 조이너처럼 빠르게 달릴 수 없고 능수능란한 몸놀림을 보일 수 없더라도, 흥분 속에 땀을 흘리는 몸에는 빠르게 도는 혈액이 있고 빠르게 도는 혈액 속에서 우리의 몸은 누구나 일순간 깨끗한 쾌락에 도달할 수 있다. 이런 글을 쓰고 있으니 얼른 밖으로 나가 달려보고도 싶다. 마스크를 벗고 달릴 수 있다면 더더욱 좋을 것만 같고.

사람들이 달리기를 통해서든 그와 유사한 다른 신체활동을 통해 가끔 자신의 의식으로부터 가장 멀리 도망갈 수 있었으면 좋겠다. 그 도망을 통해 순한 육체를 얻은 사람들은 얼마 동안만이라도 자신은 물론이거니와 다른 사람들을 괴롭히는 일을 줄일 수 있을 것 같다. 우리의 운동은 나의 건강 차원이 아니라 세계의 평화에 이바지한다는 뜬금없는 생각도 해본다. 세계 평화가 이루어지는 무대의 '주연'은 단연코 우리의 바른 생각이 아니라 순한 몸이리라. 바른 생각에는 조연 정도의 역할이 어울린다.

그리고 또 뜬금없이 순한 몸으로 인사를 건네고도 싶다. 기억을 더듬어보니 51호부터였다. '평론가 부부의 사생활'이라는 코너로 시작해서 3년 정도를 《어라운드》 지면을 통해 얼굴 모르는 독자들과 인사를 나누었다. 마감 시간을 늘 잘 맞추지 못해 괴로워했지만 그래도 늘 기쁜 마음으로 썼다. 나의 기쁨이 적어도 한두 분의 얼굴에 미소를 새기게 되길 바라는 마음으로 썼다. 그쯤을 이번 호로 마친다. '자연'스러움이 '주연'을 이루는 《어라운드》가 늘 흥하길, 그 흥함 속에 독자 여러분의 시간이 늘 복되길!

2020 웨이브

그 녀 의 이 야 기

코로나19 때문에 누구나 집콕하는 생활이 일상이 되어버렸다. 특히나 집에서 시간 보내기를 좋아하는 사람들을 집순이 집돌이라고 부르던 시대는 아득한 옛날처럼 느껴지기까지 한다. 이제는 집에서 시간을 보내는 게 싫어도 그럴 수밖에 없는, 비의지적인 고립을 택해야만 하는 뉴노멀의 시대다. 집에서 무엇을 하면 좋을지, 어떤 일을 하며 보내는 게 그나마 더 '생산적'인 활동인지를 공유하는 시대. 그렇다. 사람들은 집 밖에 나가지 않으면서도, 사회에 속해 집단에 기여하는 바를 생각하지 않아도 되는 상황에서도 허투루 시간 보내기를 두려워하게 되었다. 자기도 모르게, 고효율의 인간으로 살아야 한다는 강박에 쫓기며 자신을 채찍질해 온 시간이 얼마나 길었던 것일까. 우리는 어쩌면 인생의 대부분을 그렇게 살아오지 않았을까. 자신을 돌보고, 자기 마음을 들여다보고, 오로지 본인의 인생을 작은 텃밭처럼 가꾸며 살아왔다면 요즘처럼 홀로인 시간이 많아진 때를 조금은 더 즐기고 누릴 수 있지 않을까. 물론 그 이유야 따져보면 너무나 다양하겠지만, 코로나 블루라는 사회적인 현상을 목도하며 사람들이 얼마나 '바깥'에의 목표에 매달려 비의지적으로 살아왔을까 생각해보게 된다. 나를 움직이게 하던 힘이 돌연 중단되었을 때, 불시에 사람들을 덮친 것은 표면적으로는 경제적인 불안감이었지만 그보다도 더 깊이에는 '나는 과연 무엇을 해야 하는가'를 바로 알아차리지 못하는 자기 무능에 대한 공포가 있었을 것 같다.

코로나19 시대에도 좀처럼 쉬지 않고 정보를 공유하는 사람들 덕에 'What to do'나 'How to do' 자료를 무수히 얻을 수 있는데 그들의 공통점이자 특이점이 하나 있다. 공들여서 시간을 낭비하기, 혹은 열심히 삽질하기. 가령 둘 중의 하나는 만들어 봤다는 수제 달고나 커피를 만들 때는 핸드블렌더 같은 전동을 이용하지 않고 거품기를 손수 휘젓는 게 포인트였다. 휘젓는 팔이 떨어질 것 같은 때에야 비로소 나온다는 그 꾸덕한 커피 머랭의 맛은, 이제 어느 카페에서나 흔히 볼 수 있는 그것과는 다른 차원의 맛이리라. 거품기를 수백 수천 번 휘저으며 인생의 희로애락을 모두 느낄 수 있고, 그 후에야 맛보게 되는 머랭의 맛을 어떻게 말할 수 있을까. 지나간 시간에 들인 자신의 열심, 그 보람과 허무가 수천 번 뒤섞인 그 맛을.

무엇을 하며 무의미를 견딜 것인가에 대한 답으로 사람들은 가장 무의미한 일을 하면서 시간을 써보자고 의기투합이라도 한 듯, 달고나 커피 열풍 이후 그와 흡사한 여러 '활동'을 공유하기 시작했다. 한 지자체가 그 지역의 특산물을 SNS상에서 홍보하며 값싸게 판매한 적도 있는데 그 정보가 순식간에 전파되는 것은 물론 그 재료로 집에서 해 먹을 수 있는 음식의 레시피까지 척척 공유되는 것을 보고 경탄했던 기억도 있다. 악동뮤지션의 '사람들이 움직이는 게'라는 노래가 있다. 그 노래 가사에서 사람들의 움직임은 대개 물리적인 차원에서 관찰되고 묘사되는데 만약에 그 노래의 후속곡이 쓰인다면 코로나19로 인한 국가 위기 상황에서 사람들의 공통 활동에 대해서도 기록할 수 있지 않을까. 이만큼 개별적인 동시에 집단적인, 사적인 동시에 공적인, 사소한 동시에 대의적인 문화 현상으로서의 활동들에 관해서 우리는 어떻게 기억하게 될까. 아니, 이 움직임은 지금 당장 각자를, 우리를 어떻게 바꾸고 있는 중일까.

'모두를 위해 그리고 자신을 위해' 무엇보다도 중요시해야 하는 것을 재빠르게 공유하고, 공유된 내용을 숙지하고 남들에게 뒤처지지 않기 위해서라도 그것에 금방 익숙해지려 하는 사람들의 태도는 마스크 쓰기, 손 씻기, 소독제 사용하기 등의 개인 위생 수칙을 지키는 일에서부터 사회적 거리두기에 해당하는 여러 활동까지의 보건 공공에도 크게 도움이 되고 있다. 여전히 코로나19로 인해 많은 이가 고통받는 요즘이지만, 재택근무나 일시적 휴업 상태에서 집 안에서 할 수 있는 일을 공유하는 사람들 개인 간의 특별한 소통과 국가적 차원에서의 방역 수칙에 일사불란하게 따르는 사람들의 태도를 통해서 나는 위기가 기회가 될 수 있다는 말을 자주 생각했다. 올 한 해 코로나19로 인한 일상의 변화에서 많은 구체적인 것들을 포기해야 했지만, 거대한 사람들의 움직임이 초래할 새로운 삶의 자리가 그렇게 나쁘지만은 않을 것이라는 희망도 아주 조금 얻게 되었다. 9를 잃고 1을 얻었더라도, 할 수 없이 1만을 지켜야 하는 마음이 불러오는 섣부른 낙관이라 하더라도 이 역동이 주는 힘을 따라가 볼 작정이다. 평생 입으로만 웃던 내가 눈웃음도 짓다 보니 조금씩 늘고 있다.

우리 모두에게 새로운 해가

두 눈을 감고 가만히 들어본다. 신호등 불빛이 바뀔 때마다 자동차들이 일제히 도로를 질주하는 소리가 흘러든다. 조금 열어둔 창문 틈으로. 그 소리가 파도 소리를 닮아, 내 귀가 자꾸만 여위어간다. 두 눈을 감고 가만히 들어보면, 수천만 번의 겨울을 보내고 다시 또 한 번의 겨울을 맞이하는 해변에 혼자 서 있는 듯한 느낌이 들므로. 그게 그 해변의 제일 마지막 겨울이라서 파도 소리를 듣는 일이 그토록 외로운 것이라고. 그렇게 두 눈을 감고 나는 가만히 들어본다. 지금은 그간 여러 해가 흘러갔듯이 그렇게 또 한 해가 흘러가는 12월의 마지막 밤이고, 그 자동차 소리를 배경으로 내 앞에 앉아 있는 이 친구는 막 다시 살아나기 시작한, 하지만 아직은 음정이 불안정한 피아노를 연주하며 먼 나라의 말로 노래를 흥얼거리기 시작한다. 그러니까 앞을 보지 못하는 사람처럼 두 눈을 감고 앉아 나는 코끼리에 대한 노래라는 것 외에 그 내용을 짐작할 수 없는 노래를 듣고 있는 중이다. 이 노래는 이 친구의 말을 그대로 옮기자면, "코끼리, 아기처럼"에 대한 노래다. 그러므로 나는 두 눈을 감고 "코끼리, 아기처럼"에 대해 생각한다. 당연하게도 나는 "코끼리, 아기처럼"에 대해서 생각하는 일이 너무나 가슴이 아프므로 이 친구의 낯선 발음에, 그리고 또한 거기에도 내가 알아낼 수 있는 것은 하나도 없으므로 다시 나는 어딘가 불안하게 들리는 피아노 소리에, 또다시 나는 그 뒤에서 들리는 자동차들의 소리에 차례로 마음을 빼앗긴다. 거기, 한 해가 그런 식으로 지나가고 있다. 아무래도 나는 그 생각을 해야만 할 것 같다. 이 친구가 이 노래, "코끼리, 아기처럼"에 대한 노래를 모두 그칠 때까지. 아내가 문을 열고 들어올 때까지. 그리고 마침내 우리 모두에게 새로운 해가 찾아올 때까지.

- 김연수, 〈모두에게 복된 새해-레이먼드 카버에게〉 중에서

발표된 지 10년도 더 지난 단편이지만, 이 소설을 아직 읽지 않은 사람이 있다면 한 번은 꼭 읽어보시라고 권하고 싶다. 이 이야기는 혼자일 당신을 위로해 줄 것이다, 한국어 외로움과 위로는 많이 닮아 있다는 것을, 위로는 하나의 혼자가 다른 혼자에게 건네는 외로움이라는 것을 새삼 알아차리게 하면서. 어쨌든 이 소설을 읽게 될 당신을 위해 줄거리 요약은 생략하겠다. 다만 적어두고 싶은 것은 이 이야기에서 가져온 몇 개의 단어들이다; 아이누, 그치?, 눈, 노래, 그림, 새로운 해. 여기서 '새로운 해'는 New year이자 전에 없던 답解이기도 할 것이라 믿으면서. 마지막으로 당신의 안녕을 기원하며.

The Life Of
A Martial Artist

무도인의 삶

운동을 처음 만난 무렵, 어색한 순간의 이야기들.

글·그림 **한승재**(푸하하하 프렌즈)

7.

나는 겉보기와는 달리 야성미가 넘치는 어린아이였다. 아버지도 나와 마찬가지로 겉보기와는 달리 야성미가 넘치는 사람이었다. 아버지는 비록 커다란 금테 안경을 쓰고, 점잖은 양복을 입고, 셔츠 속에는 하얀 메리야스를 즐겨 입으셨지만 마음속엔 아드레날린이 들끓는 분이셨다. 일주일에 한 번씩 비디오 가게에서 비디오를 빌려 오셨는데 장르는 100퍼센트 액션물이었다. 이 당시 아널드 슈워제네거, 스티븐 시걸, 실베스터 스탤론 같은 할리우드 배우들은 늘 어딘가에 갇히거나 어딘가에 갇힌 이들을 구하러 가곤 했다. 영화는 매번 비슷한 줄거리를 반복하는데도 늘 재미있었다. 한 번도 아버지한테 공식적인 초대를 받은 적은 없었지만 나는 늘 아버지가 영화를 볼 때마다 함께 영화를 봤다. 영화가 시작하는 소리가 들리면 약 5분쯤 뒤에 거실로 걸어 나왔다. 냉장고를 뒤지는 척… 주방에서 어슬렁거리다가 땅콩을 까먹으면서, 발톱을 깎으면서, 필통을 정리하면서… 바닥에서 무언가를 하는 척하다가 은근슬쩍 소파에 앉아 영화를 보곤 했다. 마치 극장에 몰래 들어선 사람처럼 영화를 감상하고, 영화가 끝날 무렵엔 이젠 지겨워졌다는 듯 방으로 이동했다.

영화를 보고 난 후 거의 일주일 동안은 무술에 빠져서 지냈다. 주인공의 액션, 우쭐하는 표정, 고통스러워하는 표정 등을 아무도 보지 않는 곳에서 따라 하곤 했다. 화장실 거울만이 나의 흑역사를 모두 알고 있었다.

어느 날 어머니께서 태권도 학원에 다니라고 했을 때 나는 너무 기쁜 티를 내지 않으려고 노력했다. '태권도 학원에 가는 걸 너무 좋아하면 공부에 관심이 없는 게 아닐까 의심하게 될 것이고, 그럼 나는 태권도 학원 대신 다른 학원에 다니게 될지도 모른다….' 나는 속으로 이렇게 생각했다. 나는 태권도 학원에 가는 날까지 태권도 얘기는 한마디도 하지 않았다.

내가 태권도 학원에 다닐 수 있게 된 것은 이웃집 아이 민호 덕분이었다. 키가 작고 피부가 하얀 민호는 집에서 장난감 가지고 노는 걸 좋아했다. 장난감이라고는 어머니 화장품과 카세트테이프밖에 없던 나는 민호네 집에서 매일 신세를 졌다. 민호네 집에는 관절이 사람처럼 움직이는 '지아이유격대' 시리즈가 모두 있었다. 새로 산 변신 로봇 몇 개만 빼고는 어떤 장난감이 없어져도 모를 정도로 풍족했다. 매일 집에서 놀아 민호의 피부가 하얀 거라고 생각한 민호 어머니 덕분에 나는 함께 태권도 학원에 다니게 된 것이다.

처음 일주일 동안 나는 무도인이 되었다는 자긍심에 들떠 있었다. 학원에 다닌 지 이틀째 되는 날 어깨너머로 본 돌려차기를 셀프로 마스터하고, 학원에 다닌 지 일주일 되는 날 싸움에서 한 번도 이겨본 적 없는 선영이 누나(당시 동네 무리 중에서 싸움을 가장 잘하던 친척 누나, 매일 스케이트보드를 타고 다녔다.)와 싸워 처음으로 이기게 되었다.

어느 날 어머니께 민호가 태권도 학원을 그만둔다는 말을 들었다. 다리가 아파서 가기 싫다고 말했다며. 어머니는 나에게 태권도 학원을 혼자서라도 다니겠냐고 물어봤고, 나는 민호를 나약한 녀석 취급하며 피식 웃었다. 민호는 학원을 그만두게 되었지만 나는 그만두지 않았다. 그 후로 학원에 혼자 가는 것이 심심하고 쓸쓸하기는 했지만, 그런 고독감이 가져다주는 깊은 매력이 있었다. 무도인의 모습에 심하게 몰입해 나는 천천히 그리고 쓸쓸하게 학원을 향해 정진해 나갔다.

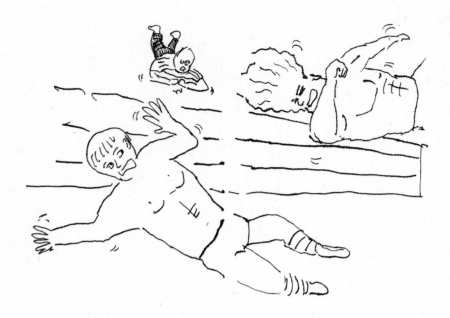

눈이 많이 쌓인 어느 날, 나는 무도인으로서의 모습에 너무 심하게 몰입해 버려 왠지 다리를 절고 싶은 기분이 들어버렸다. 일반인들은 상상할 수 없는 강력한 전투를 치른 후 내상을 입은 사람처럼 보이고 싶었다. 텔레비전에서 본 축구 선수들이 하는 것처럼 한쪽 다리를 끌며, 한 손으로는 허벅지를 잡고, 꽤 먼 거리를 절뚝거리며 걸어왔다. 등 뒤로는 고통스러운 발자국이 남았다. 집으로 들어서자마자 무슨 일이 있었느냐고 물어보는 어머니에게 나는 쿨하게 대답했다.

"좀 다쳤어⋯."

허무하게도 나는 노란 띠를 눈앞에 두고서 운동을 그만두게 되었다. 무도인의 자존심 때문에 그것이 꾀병이었다고 차마 밝힐 수 없었다.

30.

발톱을 자르다가 왼쪽 발등에만 털이 수북한 것을 발견했다. 이전엔 그곳에 털이 없었던 것 같은데⋯. 오른쪽 발등에도 털이 있기는 했지만 왼쪽처럼 덥수룩하지는 않았다. 왼쪽과 오른쪽이 서로 다른 사람의 다리 같았다.

주짓수 도장은 신촌 오거리 근처 으슥한 골목 지하에 있었다. 건물 뒤편으로 난 계단을 따라 내려가면 사람들의 체온 때문에 벽면에 김이 가득 서리는 세계가 있었다. 그곳에서는 끙끙대는 신음 소리가 들려왔다. 체육관에 들어서자마자 지하세계 사람들은 한순간 나를 쳐다보았다. 그리고 바로 다음 순간 시선을 떼고 자신들이 하고 있던 일에 매진하기 시작했다. 그들은 무언가를 하는 듯 보였지만 실제로는 거의 움직이지 않고 있었다. 서로 팔다리가 뒤엉켜 있었고, 그것을 풀지 못해 끙끙대고 있었다. 즐기는 사람은 보이지 않고 거의 모두가 고통스러워하고 있는 것 같았다. 벽돌과 비슷한 신체 비율을 가진 한 사람만이 여유로운 표정을 지으며 도움이 필요해 보이는 이들 사이를 돌아다니고 있었다. 검은색 벨트를 맨 그는 나를 발견하고 다가오며 친절한 듯 의심스럽게 인사를 건넸다.

"어떻게 오셨어요? 운동하시려고?"

어릴 때 태권도 학원을 그만둔 이후로 언젠가는 운동을 배워야겠다는 생각을 품고 있었다. 공부 때문에, 직장 때문에 아무리 해봐도 시간이 나지 않았다. 내 안의 무도인은 여전히 상상 속에 갇혀 있었다. 겨우 시간이 난 것은 회사를 그만두고 백수가 된 다음이었다. 회사를 그만두고 나름의 회사를 차려 이런저런 일들을 하면서 지냈지만, 백수인 것이나 마찬가지였다. 어느 날은 인테리어 디자이너로, 어느 날은 그래픽 디자이너로 정체성 없이 닥치는 대로 기회를 잡으려고 하고 있었다.

주짓수 수업은 대체로 뭐가 뭔지 모르는 상태로 지나갔다. 잡지사에 캐리커처를 그려 보내고, 작은 가게에 페인트칠을 하는 등… 뭐가 뭔지 모르겠는 일들은 이미 낮 동안 충분히 했다. 밤늦은 시각까지 뭐가 뭔지 모르는 걸 하려니 더 답답하게 느껴졌다. 주짓수를 배우는 것은 어릴 때 학교에서 뜨개질을 배우는 것과 무척 비슷했다. 다만 실과 바늘이 훨씬 무거울 뿐.

"팔을 이곳에 넣고 다리를 저쪽에 넣고 엉덩이를 살짝 틀어서 도복을 잡아당기세요. 그리고 어깨로 살며시 밀어요. 그러면…"

사범님이 아주 쉽다는 듯 자연스럽게 시범을 보이면 상대방은 케겍거리는 소리를 내며 땅바닥을 손바닥으로 내리쳤다.

"자 한 번씩 해보세용~"

색깔이 있는 벨트를 맨 사람들은 수월하게 따라 했고, 순백의 벨트를 맨 사람들은 그들의 의상만큼이나 순수한 동작을 만들어 냈다. 나와 나의 파트너는 운동을 배운 지 얼마 되지 않은 사람들이었다. '팔을 이곳에 틀어서… 다리를 저쪽에 밀고… 도복을 넣고 어깨로 살며시 당기면…' 나는 사범님이 시범 보인 동작을 파트너에게 똑같이 해봤지만 나와 파트너 사이에선 전혀 다른 결과가 나왔다. 불가사리 같은 모양으로 누워 있기, 인절미 흉내 내기, 사람으로 윷놀이하기 등 바보 같은 놀이를 창조하는 콤비 같았다. 한번은 나와 파트너 둘 다 서로의 몸을 이용해서 창의적인 매듭을 묶고 있었다. 누가 공격이고 누가 수비인지도 모르고 각자 매듭을 매는 일에 매진해 있던 것이다. 그러자 알 수 없을 정도로 두 사람의 몸은 엉망으로 꼬여 버렸다. 우리는 비명을 참을 수 없었고, 옆을 지나던 사범이 잠시 멈춰 우리를 바라보며 한숨을 쉬었다. 매듭을 풀 듯 두 사람을 떨어뜨리고 다시 가르쳐주려고 하는데 몸이 너무 꽁꽁 묶여 풀리지 않았다.

"잠깐, 근데 이 다리가 얘 다리인가? 얘 다리인가? 그렇다고 이게 팔은 아니잖아?"

주변에 있는 다른 사람들도 거들어서 몸을 풀어주었다. 너무 꽁꽁 묶여서 조금만 늦었어도 둘은 한 사람이 될 뻔했다고 말해주었다. 그날, 샤워를 하다가 실수로 샤워기의 물을 마셔버렸다. 너무나 힘들어서 나도 모르게 나의 목구멍이 물을 삼켜버린 것이다. 이 운동을 며칠이나 더 할 수 있을지 의문이었다.

왼쪽 발등에 길게 난 털을 발견한 건 그다음 날이었다. 하루 만에 갑자기 털이 자랐을 리는 없다고 생각했다. 털이 자랐다고 해도 한쪽만 이렇게 자라는 것은 말이 안 되는 일이라고 생각했다. 절대 그럴 리 없다는 것을 알고 있었지만, 왠지 다리가 바뀐 것 같은 기분에 휩싸여버렸다. 뾰족한 사물로 다리를 찔러 보기도 하고 줄자로 발 길이를 측정해 보기도 했다. 왼쪽 발이 오른쪽 발보다 5밀리미터 더 크다는 사실을 발견했다.

나와 몸이 꼬여버린 사람은 뚱뚱하고 수염이 많은 사람이었다. 그를 찾아서 항의하거나 다리를 다시 바꾸자고 하는 등 비상식적인 행동을 할 생각은 아니었지만 그의 발등에 난 털을 확인하고 싶었다. 그가 정말 나와 섞인 사람이라면 나와는 반대로 오른쪽 발등에 긴 털이 있을 거라고 생각했다. 단지 그것뿐이었다. 그 후로 한동안 체육관에 나가게 된 건 오로지 그의 발등을 확인하기 위해서였다.

Strong Body, Strong Mind

몸도 튼튼, 마음도 튼튼

사람이 열심히 살기 시작하는 때는, 진정으로 열심이기 시작하는 때는 열심히 안 하면 죽을 수도 있겠구나, 싶을 때다. 그래서 러닝 트랙과 등산로와 수영 레인에 중장노년층이 버글버글한 것이다. 엄마가 달여준 한약을 몰래 버리고, 단체 산행길 중 무단 이탈하며, 마라톤하는 사람들을 보며 '미쳤구나' 하던 나도 이제는 운동을 하고 꼬박꼬박 영양제를 챙겨 먹는다. 그리고 나의 소망은 이것으로 바뀌었다. 몸도 튼튼, 마음도 튼튼한 사람이 되자.

글 한수희 일러스트 서수연

기뻐할 새도, 슬퍼할 겨를도 없이 40대가 되었다. 사실 나는 언제나 빨리 나이가 들기를 바라왔다. 젊음이라는 것이 구석구석 미묘하게 맞지 않아서 얼른 벗어 던지고 싶은 불편한 옷 같았기에, 얼른 40대가 되어서 편해지기를 바랐다.

그러나 그렇게 고대하던 40대가 되니 허리가 아프고 어깨가 아프고 손가락이 아프다. 살이 빠지지 않는다. 죽어라고 빠지지 않는다. 몸의 선도 달라져서 전에는 잘 어울리던 옷이 전혀 어울리지 않는다. 사진 속의 나는 외할머니와 엄마의 얼굴을 하고 있다. 내가 별로 좋아하지 않는 얼굴, 늙은 여자의 얼굴. 과연 40대는 좋은 나이일까.

마흔이 넘었다고 갑자기 다른 인격으로 변신할 수는 없으니 내 마음은 예전 그대로다. 좋아하던 노래를 여전히 좋아하고, 좋아하던 영화도 여전히 좋다. 좋아하던 스타일도 달라지지 않았다. 내 마음이 그대로인 것과는 별개로 나의 외모와 말과 행동은 달라졌다. 나는 거리에서 아무렇지도 않게 소리를 지르고, 모르는 사람에게 말을 걸고, 한겨울이면 북극곰처럼 껴입고, 운동장에서 힘껏 허리를 돌린다. 그 괴리감이 나를 머쓱하게 한다.

풀코스 마라톤을 하든 트레일 러닝을 하든 요가를 하든 볼더링을 하든, 하면서 가장 흥미를 느끼는 부분은 '체력 만들기에 효과적인지 아닌지'가 아니라 '내가 할 수 있는지 없는지'다. 할 수 있으면 '와, 진짜?' 하며 놀라고, 못하면 '과연 그렇지!'라며 웃음이 나온다. (중략) 이처럼 맞고 안 맞는 게 있다는 사실도 어릴 때는 몰랐다. '달리는 건 싫으니 내게는 안 맞는군', '물은 좋아하니까 수영은 잘 맞네' 하는 식으로밖에 생각하지 못했다. '달리는 건 싫고 아무런 이득도 느끼지 못하겠지만, 그래도 풀코스는 완주해낼 수 있으니 나에게 잘 맞겠

구나' 하는 생각은 하지 못했다. 인간이 이처럼 모순을 껴안고 있는 존재라고는 생각지도 못했던 것이다.

　　　　　– 가쿠다 미쓰요, 《어느새 운동할 나이가 되었네요》

《어느새 운동할 나이가 되었네요》는 중년의 소설가 가쿠다 미쓰요가 자신이 섭렵한 온갖 종목의 운동에 관해 쓴 산문집이다. 그러니까 온통 운동하는 이야기인데, 중요한 것은 이 작가는 사실 운동을 싫어한다는 점이다. 그렇게 싫어하면서 마라톤 대회를 완주하고, 인터벌 운동을 하고, 산을 오르고, 트레일 러닝을 하고, 요가를 하고, 볼더링을 한다. 이유는 단순하다. 자신이 할 수 있는지 없는지가 궁금해서다.

아, 어쩌면 이것도 중년이 되어 달라진 점일 수 있겠다. 싫고 좋음의 범위가 넓어지고, 심지어 그 경계가 흐릿해져 버린다. 살면서 마주치는 모든 것들을 싫다, 좋다로 판단해 버리는 것은 어릴 때나 하는 짓. 더 나이가 든 우리는 '그래도 뭔가 더 있지 않을까', '내가 모르는 뭔가가 있지 않을까' 하고 궁금해하는 것이다. 싫다고 다 싫은 것이 아니며, 좋다고 다 좋은 것이 아니라는 것을, 인간이란 온갖 종류의 모순을 껴안고 있는 존재라는 것을 어렴풋이 깨닫게 되는 것이다.

그렇게 싫어하는 일을 5년씩이나 매주 계속하고 있다고 말하면 사람들은 충격을 받곤 한다. 어떻게 그토록 싫어하는 일을 계속할 수 있는가 하고 말이다. 달리는 건 좋아하지 않지만, 달리기에는 딱 하나 놀라운 점이 있다. 바로 '할 수 있게 된다'는 사실이다. 달리기를 시작했던 5년 전, 나는 고작 3km가 한계였다. 하지만 지금은 20km를 달릴 수 있다. 계속할 수 있는 이유는 이 놀라움 때문이리라.

　　　　　　　　　– 《어느새 운동할 나이가 되었네요》

가쿠다 미쓰요처럼은 아니지만, 나도 꾸준히 운동이라는 것을 해왔다. 요가는 무려 7년이나 했고, 가벼운 달리기는 30대 초반부터 꾸준히 하고 있다. 한때는 주말마다 등산도 했다. 한두 번이지만 스노보드도 타보았고, 실내 암벽 등반도 해보았다. 수영을 배워 보기도 했고, 헬스클럽에 등록한 적도 있다. 그러나 요가를 7년이나 했는데도 나는 물구나무도 못 선다. 10년 가까이 짬이 날 때마다 달리고 있지만 내 최고 기록은 7킬로미터를 벗어나지 못했다(그나마 시간은 재지도 않는다). 마라톤 대회에 나갈 생각은 없느냐고? 무슨 소리. 인생에서 확실한 것은 하나도 없지만 단 하나 확실한 것은 이 몸은 절대로 마라톤 대회 같은 데는 나가지 않을 거라는 사실이다. 그렇게 향상심이라고는 조금도 없이 나는 운동을 한다. 내가 운동을 하는 데는 건강해지고 싶다거나, 오래 살고 싶다거나, 살을 빼고 싶다거나, 그 운동이 어떤 운동인지 궁금하다는 등의 이유가 있을 것이다. 하지만 가장 중요한 이유는 몸을 움직이는 것이 좋기 때문이다. 몸을 움직이면 몸도 마음도 가벼워지는 느낌이 들기 때문이다. 그 느낌이 좋다. 더불어 내가 지금 무언가를 하고 있다는 사실에 안심이 된다. 그러니 움직이지 않을 이유가 없다.

주말밖에 달릴 시간이 없기 때문에 주말이면 언제나 눈을 뜨고 비가 오는지 살핀다. 비가 오면 살짝 설레는 기분에 휩싸여 '비 오니까 달리기는 못 하겠네, 유감인걸' 하고 생각한다. '유감인걸, 후후후' 하고.
　　　　　　　　　　　　　　－《어느새 운동할 나이가 되었네요》

유감인걸, 후후후. 아아, 나도 이 기분을 안다. 막상 달리러 나갔는데 비가 오거나 눈이 와서 달릴 수가 없게 되면 발걸음

이 가볍다. 신이 난다. 나도 운동이 싫고, 즐겁지도 않다. 운동이 즐거워 죽겠다는 사람들을 보면 그저 무서울 따름이다. 하지만 운동이 끝난 뒤의 성취감은 역시 중독적이다. 생각해 보면 운동을 하고 나면 더 이상 운동을 하지 않아도 되니까 운동을 하는지도 모른다. 이게 뭐야.

보통 나는 시간이 나면 스마트폰을 끼고 널브러져서 인스타그램이나 뒤지고 있다. 한두 시간을 그러고 있다 보면 옛 애인의 행적을 좇는 실연당한 여자가 되어버린 기분이다. ('이제 그만 해야 해! 하지만 멈출 수 없어!') 그러다 나는 결국 자리에서 일어나 한숨을 내쉬며 트레이닝팬츠를 입고 운동화 끈을 묶고서 운동장으로 나가 달리기 시작한다. 다리가 무겁다. 그러나 조금씩 기운이 난다. 나는 이 느낌을 알고 있다. 내 온몸의 근육들과 혈관들과 장기들이 분주히 일하기 시작하는 느낌. 그러면서 생각한다. 대부분은 내가 별로지만, 이럴 때는 썩 나쁘진 않은 것 같다. 이렇게 열심히 사는 나는 어쩌면 괜찮은 사람인지도 모른다. 튼튼해질 것이다. 튼튼하게 사는 하루하루가 모여 튼튼한 인생이 될 것이다. 몸도 튼튼, 마음도 튼튼한 늙은 여자가 될 것이다.

넷플릭스의 짧은 다큐멘터리 〈나는 스모 선수입니다〉(2018)의 곤 히요리는 여자 스모 선수다. 전통적인 남성 스포츠 스모의 세계에서 여자들은 프로 선수가 될 수 없다. 그러나 초등학교 1학년 때부터 스모를 해온 곤 히요리는 스모로 인정받겠다는 꿈을 버리지 않았다. 열심히 해서 여자 스모가 인기를 얻으면 정식 종목이 되어 남자 선수들과 함께 겨룰 수 있을 거라 믿는다.

듬직한 어깨, 두터운 팔, 탄탄하고 굵은 허벅지의 여자 스모 선수들은 매일 땀 흘리며 운동한다. 반팔 티셔츠와 반바지 위

에 기저귀 같은 마와시를 차고 모래판 위에서 두꺼운 두 다리로 버티며 상대를 밀어내고 상대에게서 밀리지 않기 위해 애쓴다. 그럼에도 끝내 밀리면, 모래판 바깥으로 나가떨어지면 아이처럼 엉엉 운다. 아, 이 얼마나 단순한 세계인가. 모래판 위에 남거나, 모래판 밖으로 밀려 떨어지거나.

모래판 밖의 곤 히요리는 그저 체격이 좀 큰 20대 초반의 보통 여자애다. 곱슬곱슬한 파마머리에 밝은 인상, 상냥한 말투와 수줍은 듯 부드러운 웃음. 그러나 모래판 위에서의 그는 진지하다 못해 무시무시한 얼굴로 양 다리를 벌린 채 무릎을 굽히고 한 발씩 한 발씩 앞으로 전진한다. 그때의 그는 여자도 남자도 아닌 그저 스모 선수일 뿐이다. 그가 스모를 하는 이유는 스모의 규칙만큼이나 단순하다. 어릴 때부터 해왔고, 언제나 잘했으며, 지금도 잘하는 일이기 때문이다.

곤 히요리는 말한다. 모래판 위에서는 아무 생각도 하지 않아도 몸이 저절로 움직인다고. 아무 생각도 없이 몸이 저절로 움직인다는 것은 얼마나 멋진 일일까. 그것이 아마 운동이라는 것의 어마어마한 매력일 것이다. 생각을 비우고 깨끗한 마음이 되는 것. 몸이 알아서 하는 것. 나의 몸과 나의 마음이 하나가 되는 것.

몇 번이고 몇 번이고 '걸어버리자'라고 생각하다 퍼뜩 깨닫는다. 여기서 걸어도 아무에게도 들키지 않는다는 걸. 이제 뛰는 건 무리라고 정하고서 달리던 발걸음을 멈추고 걸어버려도 아무도 알아차리지 못한다. 오직 나 자신만 알고 있다. 그 사실을 깨닫고 조금 놀랐다. 가장 괴로운(이라고 생각하는) 때에 이제 틀렸다고 단정 짓고 꾀를 부린다. 그런 자신의 모습을 만약 신이 보고 있다 해도, 고작 그뿐이리라. 아무래도 좋은 일은 본 순간 잊어버리리라. 하지만 나는 잊지 않는다. 24km를 지난 뒤의 오르막, 25.5km를 지난 뒤 다시 나오는 오르막에서 내가 꾀를 부리고 걸었다는 사실을 신은 잊어도 나만은 절대로 잊지 않는다.

– 《어느새 운동할 나이가 되었네요》

롤 모델이 없는 세계에서 자신의 롤을 묵묵히 수행해 나가는 것. 이 불리하기 짝이 없는 세계에서 살아남는 것. 앞으로 어떻게 될지 모르는데도 이 일을 계속하는 것. 그것은 불확실한 미래에도 불구하고 현실에 충실한 자세. 순간에 충실하면 그 충실한 순간들이 모이고 모여 충실한 인생이 될 것이다. 어쩌면 그 순간들이 어딘가 좋은 곳으로 우리를 데려가 줄지 모른다는 기대를 할 수도 있다. 그런 대책 없는 낙관주의가 필요하다. 곤 히요리의 이야기는 그런 낙관적인 기대를 남긴다. 오로지 끝나고 나서 마실 술을 생각하면서, 이게 끝나면 더 이상 달리지 않아도 좋다고 생각하면서, 그렇게 달리는 가쿠다 미쓰요의 이야기를 나는 좋아한다. 그런 불건전한 마인드로 잘도 건전하게 살아가고 있다는 것이 좋다. 삐딱한 마음으

로 건전한 활동을 하는 것은 아주 좋은 일이다. 마음의 삐딱함을 몸이 바로잡아 주니까. 몸의 건전함을 마음의 삐딱함이 풀어 주니까.

아주 피곤한 날, 머리가 복잡한 날, 나를 위한 나의 처방은 간단하다. 운동화를 신고 밖으로 나가 걷기 시작한다. 집 뒤편의 공원을 걷기도 하고 좋아하는 카페까지 가는 길을 걷기도 한다. 내 다리는 내 마음을 좋은 곳으로 데려가 준다.

견딜 수 없을 정도로 힘든 날에는 달린다. 달리면서 마음의 피로와 몸의 피로를 같게 하려 노력한다. 몸이 너덜너덜해질 정도로 지치면 피로의 무게도 견딜만해 진다. 아니, 아예 녹다운된다고나 할까. 녹다운되어야 할 때 녹다운되는 것도 중요하다. 언제나 모래판 안에만 있을 수는 없다. 때로는 모래판 밖으로 멋지게 떨어져 나갈 수도 있어야 한다.

몸을 움직이지 않을 때 우리의 정신은 현재보다는 과거와 미래를 배회하는 것 같다. 여기가 아닌 다른 먼 장소에 가 있기도 한다. 그러나 몸을 움직일 때 우리의 정신은 지금, 여기로 돌아온다. 숨을 헐떡이고, 팔과 다리의 근육이 당기고, 발바닥이 따끔거릴 때 우리는 지금 여기에 머물 수밖에 없다. 아무리 노력해도 우리는 이 작은 몸뚱이를 벗어날 수 없다. 그리고 산소로 호흡하고, 대지를 박차고 뛰어오르면서, 파도를 가르면서, 눈 위를 헤치면서 우리는 이 세계와 이어진다. 그렇게 자기와 친해지고 세상과 친해지는 일, 그것이 바로 튼튼해지는 일일 거라고 나는 생각한다.

달리는 건 여전히 싫지만 이럴 때는 감동한다. 자신의 다리로 땅을 누빔으로써 따로따로 알던 마을이 입체적으로 연결되는 이 고요한 흥분.

– 《어느새 운동할 나이가 되었네요》

《어느새 운동할 나이가 되었네요》 가쿠다 미쓰요 | 인디고(글담)
〈나는 스모선수입니다〉(2018) 맷 케이 | 다큐멘터리

Greet!

아무튼, 요가
박상아 | 위고

'흐름에 몸을 맡기며 오로지 나에게 집중하는 것'. 뉴욕에서 친구와 가볍게 시작했던 요가는 점점 삶의 일부분을 차지하게 됐다. 낯선 땅에서 낯선 언어를 배우며 하나씩 완성했던 요가 동작은 불안한 마음을 진정시켜 줄 처방전과 같은 것이었다. 작가는 깨끗이 땀 흘리며 자신에게 집중하는 순간에 오롯한 자아를 담았다. 그 이야기는 한 권의 책으로 묶여 우리의 일상에 다가선다.

마인드풀 러닝
김성우 | 노사이드

달리기를 통해 잃었던 삶의 길을 찾았다. 케냐로 옮겨가 온몸으로 달리기를 탐구하며 움직임 자체를 즐겁게 받아들이기 시작한다. 숨을 쉬며 자신이 존재함을 느낀다. 달리는 방법, 그로 인해 변화하는 신체를 스토리를 넘어 그다음의 삶까지 고백하는 저자. 자신의 호흡과 속도에 맞춘, 오직 나만을 위한 달리기 이야기를 여기에 풀어놓는다.

잃어버린 잠을 찾아서
마이클 맥거 | 현암사

수면과 불면, 그사이에 존재하는 수많은 알 거리를 기록한 책. 사실 가장 근본적으로 사람의 건강을 책임지는 것은 '잠'이다. 과학적 접근은 물론 고대의 위인들에게 수면은 어떤 의미였는지, 문화적인 측면에서의 수면도 함께 바라본다. 만약 바쁜 일상에 치어 잠들기를 포기하고 있다면 이 책을 들어보자. 오늘 밤 깊은 잠에 빠져들 준비를 해보는 것이다.

난생처음 서핑
김민영 | 티라미수 더북

푸르른 하늘과 같은 바다. 쨍하게 내리쬐는 빛. 그 위를 자유로이 횡단하며 바람을 가르는 모습. 서핑을 생각하면 이처럼 맑고 여유로운 풍경이 떠오른다. 동시에 일상과는 동떨어진, 미지의 운동처럼 느껴지기도 한다. 정말 실상은 어떨까? 작가는 서핑의 현실적인 지점을 다루며 유머러스하고 생동감 있게 서핑 이야기를 풀어놓는다. 난생처음, 서핑이 궁금해지는 순간이다.

반나절 서울 걷기 여행
최미선, 신석교 | 넥서스BOOKS

숲, 하천, 골목과 나란한 길들. 건물과 도로가 빽빽한 도시, 서울에서도 자연과 함께하는 걸음이 있다. 인터넷에 검색하면 나오는 뻔한 정보들을 피해, '진짜 걷기'를 위한 안내가 책 곳곳에 정리되어 있다. 그 안에서 우리가 보고 느껴야 할 이야기 역시 함께 담겼다. 걷는다는 행위는 일상에 어떤 선물을 남길까. 걷기 여행자들을 위한 쏠쏠한 정보를 살펴보자.

필라테스 바이블
조셉 필라테스 | 판미동

조셉은 1926년 최초의 필라테스 스튜디오를 열어 무용수들의 재활을 돕기 시작했다. 그가 생전에 발명한 운동법은 '컨트롤로지'. 이것이 오늘날 수많은 이들이 선호하는 필라테스다. 단순한 치료법을 넘어 신체 단련을 위한 운동으로써 필라테스를 널리 알린다. 이 책은 필라테스라는 운동의 시작을 그로모은 안내서. 본격적인 운동을 시작하기 전에 이론을 먼저 배워보는 것은 어떨까.

AROUND x sewing factoty

SEWING FACTORY

2020 Sewing Factory Magazine

Vol.18 Space

Cover Our First Story

60여 년을 이어온 미싱, 그를 뒤따르는
소잉팩토리의 10년과 그 다음

어라운드 운동회

똑같은 체육복을 입고 운동장에 옹기종기 모였던 과거를 떠올리니 기분이 귀여워진다.
그 기분을 끌어안고 어라운드 운동회 개최! 당신이 가장 자신 있는 종목은 무엇인가요?

달리기 | 발행인 송원준
여느 때와 마찬가지로 호루라기 소리와 함께 열심히 뛰기 시작했다.
근데 막 아우성치는 소리가 들리면서 선생님이 도착선에서 나를 기다
리고 있는 것이다. 그러더니 도착선에서 나를 잡아주었는데, 너무 놀
란 표정으로 눈을 감고 달리면 어떡하냐고 했다. 난 얼떨결에 "열심히
하려고요."라고 했는데, 그 후 난 반에서 열정적인 달리기 친구가 되어
있었다. 사실 난 앞을 잘 보고 달렸다.

묻혀가는 줄다리기 | 편집장 김이경
학창 시절에 오래달리기, 오래 매달리기 같은 버티면 되는 종목만 잘
했던 것 같다. 빠른 시간 내에 달려야 하는 100미터 달리기나 멀리뛰
기는 중간은 했으려나? 근데 지금 내 몸 상태로는 오래달리기나 버티
기도 힘들 지경. 그냥 져도 이겨도 원망 없는 줄다리기는 할 만하다.
열심히 줄을 당겨 보겠습니다!

단거리 달리기 | 에디터 이주연
날쌘돌이 인상은 아니어서 '달리기'에 '이주연'을 단박에 떠올리는 사
람은 없었지만 내 기록은 언제나 전교 1등이었다. 하하하. 웬만한 남
자애들보다도 빨랐지. 하하하. 계주 하면 내가 다 역전. 으하하하. 엄
마가 말하길 난 스타트가 좀 늦대, 스타트마저 빠르면 우주도 뚫겠어.
하하하하!

장거리 달리기 | 에디터 김지수
어릴 때부터 무엇이든 느리다고 꾸중 들었다. 처음 걸음마를 뗄 때도
남들보다 느렸고, 담임 선생님들은 늘 나를 답답하게 보았다. 그래서
물론 달리기도 빠르게 달리지 못했다. 체육 시간이 되면 언제나 주눅
들어 있었지만, 왠지 자신 있던 건 장거리 달리기다. 빠르지 않아도 오
래 달려서 도착하기만 하면 그뿐인 일. 천천히 내 속도를 찾아가면서
버티다 보면 어느 순간 도착해 있을 것이다.

우르드바 다누라사나 | 디자이너 양예솔
우르드바 다누라사나Urdhva Dhanurasana는 아쉬탕가의 아사나 중 하
나인데 사실 가장 자신이 있다기보다, 애착을 가지고 연거푸 시도하는
아사나라고 하고 싶다. 몸의 상태가 좋은 날일수록 아사나가 깊고 단
단해지는데 그런 날은 손에 꼽기 마련이다. 내가 좋아하는 우리 선생
님은 자주 이렇게 말씀하시곤 한다. "지구를 밀어내세요!"

산 오르기 | 에디터 김현지
내 마음대로 새로운 종목을 추가해보자면, 운동장 뒷산 오르기! 열심
히 하지 않아도 되고 일등도 꼴등도 없이 모두 우르르 올라가서 산의
정기를 맡고 발바닥으로 연결됨을 느끼며 걷는 것. 이거라면 정말 자
신 있는데.

경보 | 에디터 이다은
달리기는 최악이지만 경보는 자신 있다. 진짜 마주치기 싫은 사람이
뒤에서 내 이름에 물음표를 붙여 부르는 상황 내지는 바로 옆에 비둘
기 여러 마리가 푸드득푸드득푸드덕대는 상황을 상상하면 된다. 그러
면 정말 빨리 걸을 수 있다. 소름이 끼치면서 가속도가 막 붙는다.

응원 | 에디터 하나
운동회의 꽃은 응원이지. 생각해 보면 학교에서도 응원상 타는 걸 가
장 보람차게 여기는 아이였던 것 같다. 그냥 큰소리로 맘껏 까불고 싶
었던 건지도(웃음).

줄다리기 | 에디터 김채은
아무리 생각해도 나 혼자서 누군가를 이길 수 있는 종목은 없는 것 같
다. 그렇다면 빌붙기 찬스! 하나 에디터님 뒤에서 영차영차 열심히 도
와주는 척을 해야겠다. 하나 에디터님은 튼튼하고 강하니까 혼자서도
충분히 이길 수 있어!

Publisher
송원준 Song Wonjune

Editor in Chief
김이경 Kim Leekyeng

Senior Editor
이주연 Lee Zuyeon

Editor
김현지 Kim Hyunjee
이다은 Lee Daeun
하나 Hana
김지수 Kim Zysoo

Art Director
김이경 Kim Leekyeng

Senior Designer
양예슬 Yang Yeseul

Designer
홍지윤 Hong Jiyoon

Cover Image
Gideon de Kock

Photographer
김연경 Kim Yeonkyung
안가람 Ahn Garam
유래혁 Yu Raehyuk
이요셉 Lee Joseph
최모레 Choe More
해란 Hae Ran

Project Editor
김건태 Kim Kuntae
김그래 Gim Gre
김나영 Kim Nayoung
배순탁 Bae Soontak
송종원 Song Jongwon
이기준 Lee Kijoon
전진우 Jun Jinwoo
정다운 Jung Daun
한수희 Han Suhui
한승재 Han Seungjae

Illustrator
서수연 Seo Sooyeon
유수지 Yoo Suzy
콰야 Qwaya
휘리 Wheelee

AROUND PAGE
이랑 Lee Lang
히로카와 타케시 Hirokawa Takeshi

Copy Editor
기인선 Ki Inseon

Management Support
강상림 Kang Sanglim

Advertisement
김양호 Kim Yangho
김갑진 Kim Gabjin
하나 Hana

Publishing
(주)어라운드
도서등록번호 제 2014-000186호
출판등록일 2009년 12월 5일
ISSN 2287-4216
창간 2012년 8월 20일
발행일 2020년 12월 28일

AROUND Inc.
서울시 마포구 동교로51길 27
27, Donggyoro 51-gil, Mapo-gu, Seoul,
Korea

광고 문의
around@a-round.kr
070 8650 6378

구독 문의
around@a-round.kr
070 8650 6375

어라운드는 나무를 아끼기 위해 고지율 20%인 재생종이 그린라이트를 사용합니다.

HOMEPAGE a-round.kr
INSTAGRAM instagram.com/aroundmagazine
FACEBOOK facebook.com/around.play
FILM vimeo.com/around